常州大学学术著作出版基金资助

文化创意产品设计创新研究

张明月◎著

吉林大学出版社
·长春·

图书在版编目（ＣＩＰ）数据

文化创意产品设计创新研究 / 张明月著 . -- 长春：吉林大学出版社，2024.3

ISBN 978-7-5768-3139-9

Ⅰ.①文… Ⅱ.①张… Ⅲ.①文化产品 – 产品设计 – 研究 Ⅳ.① G114

中国国家版本馆 CIP 数据核字（2024）第 081036 号

书　　名	文化创意产品设计创新研究 WENHUA CHUANGYI CHANPIN SHEJI CHUANGXIN YANJIU
作　　者	张明月　著
策划编辑	殷丽爽
责任编辑	殷丽爽
责任校对	李适存
装帧设计	袁　乐
出版发行	吉林大学出版社
社　　址	长春市人民大街 4059 号
邮政编码	130021
发行电话	0431-89580036/58
网　　址	http://www.jlup.com.cn
电子邮箱	jldxcbs@sina.com
印　　刷	天津和萱印刷有限公司
开　　本	787mm×1092mm　1/16
印　　张	13
字　　数	200 千字
版　　次	2025 年 1 月　第 1 版
印　　次	2025 年 1 月　第 1 次
书　　号	ISBN 978-7-5768-3139-9
定　　价	72.00 元

版权所有　　翻印必究

前　言

当下，文化创意产业不仅引起了全球的广泛关注，而且发展迅速，为很多国家的经济增长做出了巨大贡献，成为推动国家经济增长的产业之一。虽然中国文化创意产业开始的时间比较晚，但发展得很快并得到了政府、企业等的高度重视。在当前的文化发展趋势中，文化创意产业处于重要地位，对发展知识经济来说至关重要。在当前知识经济蓬勃发展的背景下，由于文化、经济和政治的相互交织，文化创意产业在国家综合实力的比拼中扮演着越来越重要的角色，并发挥着越来越突出的作用。我们必须重视文化创意产业在文化领域中的重要地位。在当代社会中，任何技术工艺都存在短期内被他人模仿出来的风险，为了避免这种风险就要始终坚持守正创新。在未来，各国之间竞争的重点将会转向创意的竞争。全球化促进了文化创意产业在国际上的合作与分工，使得跨国文化企业相继出现。在现代社会中，产品的种类越来越丰富多样，人们的选择也变得更加多样化，媒介存在于人们日常生活中的方方面面，对人们的生活有着很大影响。此外，媒介也是文化创意产业不可或缺的一部分。文化创意产业和媒介相互依存，前者需要媒介作为支撑和传播渠道，后者则需要文化创意产业提供优质的内容。对文化创意产业和媒介之间的紧密联系给予高度重视，不仅对社会经济的发展和文明的提升具有重要推动作用，还能增强国家的综合实力。

本书共分为五章，第一章为文化创意产品设计概述，主要就文化创意产品概述、文化创意产品的思维模式、文化创意产品设计理论、文化创意产品设计构成、文化创意产品设计原则与方法五个方面展开了论述；第二章为文化创意产品的设计流程，主要就文化创意产品项目的调研、文化创意产品的受众分析和定位、文化创意产品的设计流程与管理三个方面展开了论述；第三章为基于不同类型的文化创意产品设计，依次介绍了校园文化创意产品设计、动漫文化创意产品设计、旅游文化创意产品设计、博物馆文化创意产品设计四个方面的内容；第四章为多元视角下文化创意产品设计，依次介绍了传统文化元素与文化创意产品设计、多感官体验与文化创意产品设计、仿生设计与文化创意产品设计、文化新经济与文化创意产品设计、非遗文化与文化创意产品设计、色彩文化与文化创意产品设计六个方面的内容；第五章为文化创意产品设计的创新与应用，依次介绍了文化创意产品设计的发展趋势、基于体验经济的文化创意产品设计、新媒体背景下文化创意产业的发展与传播三个方面的内容。

  在撰写本书的过程中，笔者参考了大量的学术文献，得到了许多专家、学者的帮助，在此表示真诚的感谢。由于笔者水平有限，书中难免存在疏漏之处，希望广大同行及时指正。

张明月
2023 年 7 月

目 录

第一章 文化创意产品设计概述 1
　第一节 文化创意产品概述 1
　第二节 文化创意产品的思维模式 9
　第三节 文化创意产品设计理论 24
　第四节 文化创意产品设计构成 31
　第五节 文化创意产品设计原则与方法 55

第二章 文化创意产品的设计流程 68
　第一节 文化创意产品项目的调研 68
　第二节 文化创意产品的受众分析和定位 74
　第三节 文化创意产品的设计流程与管理 79

第三章 基于不同类型的文化创意产品设计 88
　第一节 校园文化创意产品设计 88
　第二节 动漫文化创意产品设计 98
　第三节 旅游文化创意产品设计 109
　第四节 博物馆文化创意产品设计 122

第四章 多元视角下文化创意产品设计 140
　第一节 传统文化元素与文化创意产品设计 140

  第二节 多感官体验与文化创意产品设计 …………………………… 145

  第三节 仿生设计与文化创意产品设计 ……………………………… 151

  第四节 文化新经济与文化创意产品设计 …………………………… 155

  第五节 非遗文化与文化创意产品设计 ……………………………… 159

  第六节 色彩文化与文化创意产品设计 ……………………………… 164

第五章 文化创意产品设计的创新与应用 ………………………………… 171

  第一节 文化创意产品设计的发展趋势 ……………………………… 171

  第二节 基于体验经济的文化创意产品设计 ………………………… 175

  第三节 新媒体背景下文化创意产业的发展与传播 ………………… 188

参考文献 …………………………………………………………………………… 198

第一章 文化创意产品设计概述

本章为文化创意产品设计概述,主要就文化创意产品概述、文化创意产品的思维模式、文化创意产品设计理论、文化创意产品设计构成、文化创意产品设计原则与方法五个方面展开了论述。

第一节 文化创意产品概述

一、文化创意产品基本知识

(一)文化创意产品的含义

文化创意产品是指文化创意工作者将自己的原创创意具象化并进行生产,从而获得利润的商品,也可以指文化创意工作者以某种文化为原型,对这种文化进行创新,将这种文化推向现代化市场,从而形成大众所能接受的产品。

在现代文化创新方面,文化创意产品是时代潮流的产物,紧跟消费者的需求而变化,因此将传统文化以文化创意产品的形式推向大众,不仅有助于增强优秀传统文化的生命力,而且有助于推动整个社会文化创意产业的发展。在传统文化传承方面,文化创意产品能够传承、创新、发展与展示传统文化,有利于加快我国文化输出的步伐,成就我国文化强国的梦想。

日本的文化创意产品具有"动漫"和"爆品"等特点。日本的文化创意产品受到大众喜爱的主要原因在于日本文化创意工作者以其严谨的工匠精神来传承文化与技术,将文化、创意及科技完美地融入日常生活中,形成了一件又一件让大众趋之若鹜的"爆品"。

韩国的文化创意产业发展得益于内需市场的拉动和外部"韩流"的持续扩散，以及行业积淀、政府支持。韩国本国文化市场有限，所以韩国政府非常重视海外市场的开拓，再加上韩国发达的信息技术和基础设施，为文化创意产业的发展奠定了扎实的基础。

（二）文化创意产品的价值

文化创意产品的价值可以从使用价值、纪念价值、传播价值等方面来体现。以使用价值为例，抽纸是大众日常生活中的必备品，某纸业公司对一包抽纸中第一张纸的损坏问题进行了关注并寻求解决办法。设计者对产品设计进行了研究，对设计细节进行了改造，重新设计了包装的开口部分，不仅解决了普通包装打开时易损坏第一张纸的问题，也提升了用户的使用体验。

对文化创意产品纪念价值的开发主要体现在文化内涵的挖掘上。以旅游区为例，将各个地域的文化元素与其对应地区的艺术风格相融合作为文化创意内容，用一个方便的、易携带的物品作为载体，将这个载体与文化内容相结合，以特殊的工艺作为文化创意内容与产品载体的结合方式，就产生了能代表区域文化特色的文化创意产品。

文化创意产品的传播价值在于紧跟时代的发展步伐，避免陈旧与低创等情况出现。陈旧的文化创意产品只是披了一个创新的外壳，内里还是由一成不变的复制、粘贴得来；而低创的文化创意产品则是对产品的简单拼接，形成"创意产物"。这两类文化创意产品的传播价值都很小，并且不利于文化创意产品市场的健康发展。所以，在文化创意产品的传播方面，虽然文化创意工作者要不断地推陈出新，但是绝不能为了抢占市场而随意地出新，应该创作好每一个文化创意产品，让文化创意产品的传播价值最大化地体现出来。

（三）文化创意产品的作用

1. 有利于加快文化创意产业的发展

文化创意产品与现代潮流的关系相当紧密，有的优秀文化创意产品甚至走在了潮流前沿，引领潮流发展。因此，文化创意产品的质量、种类、受众面等都能反映出文化创意产业的发展状况，也能反映出大众精神文化的需求状况。根据文化创意产品的市场反馈，文化创意工作者应及时掌握大众需求，及时更新产品并推向市场，保持文化创意产业的发展活力。

我国文化创意产品的重复率反映了文化创意产业内对创意的保护程度，以及文化创意工作者保护自己创意的意识等方面的内容。文化创意产品的多样化发展则说明了我国文化创意产业充满发展活力，具有发展前景。

2. 有利于市场对个性化需求的满足

人们日益增长的文化需求对市场上的文化创意产品要求越来越高，人们不再满足于单一的、普遍的大众文化创意产品，而是转向具有独特内涵的个性化产品。文化创意产品的"创意"就是对消费者求新、求异需求的满足。

随着"80后""90后"成为消费主体，他们的购买力在社会上的占比越来越大，文化创意产品消费人群对产品的偏好也在逐渐改变。"80后""90后"人群思维活跃，喜欢追求流行事物，对新事物的接受度较高，这为文化创意产品的发展提供了基础性保障。文化创意产品正处在不断创新探索的过程中。文化创意工作者收集、整理消费者信息，不断对文化创意产品进行新的设计，再投入市场，有利于为消费者提供称心如意的商品，促进文化创意市场蓬勃发展，形成良性循环。

3. 有利于文化输出

我国的文化历史悠久且独树一帜。我国作为文化强国，文化输出有利于我国文化走向世界，可使我国文化被世界各国人民熟知，吸引更多人主动了解、学习中国文化。世界闻名的孔子学院便是我国文化输出的成功案例。

孔子学院最重要的一项工作就是给世界各地的汉语学习者提供了规范、权威的现代汉语教材和最正规、最专业的汉语教学。2004年，全球第一所孔子学院在韩国汉城（今首尔）正式设立。

孔子学院作为一个非营利性机构，旨在推广中国语言和文化，促进中外友好关系，增进世界文化多样性，并为推动和谐世界的建立做出了重要贡献。"和为贵""和而不同"是孔子学院奉行的理念，在这些理念的指导下，有利于中国的语言文化逐渐走向国际，向世界展现我国追求和平的愿景。

虽然孔子学院对我国汉语言文化走向世界做出了巨大贡献，但是目前我国文化输出方式还比较单一，很多优秀作品还没有走出国门，只在国内受到广泛关注。因此，目前我国文化创意工作者不仅要满足我国民众的精神文化需求，还应该关注国际社会对文化创意产品的需求情况，促使我国优秀文化以文化创意产品的形式走出国门。

4. 有利于文化的传承与创新

文化创意产品的"文化"部分可以融入传统文化，对中华优秀传统文化元素与文化创意产品进行融合创新，利用文化创意产品受众广的优势，推动中华优秀传统文化进入市场，以吸引民众关注。

例如，"茶木——三国皮影"文化创意产品设计，展现了"茶烟一缕轻轻飏，搅动兰膏四座香"的茶文化。此产品插画以三国文化为基点，刻画了貂蝉与吕布以及周瑜与小乔的故事。其中的人物形象以皮影造型为基础，构成了独特的表现形式。此产品既展现了独特的文化内涵又兼具了现代的时尚气息，使消费者可以在茶叶的沉淀中细细品味古代人的岁月足迹。通过文化创意产品创新发展传统文化，扩大传统文化的受众面，有利于推动地域传统文化打破地域限制走向世界。生肖作为我国悠久的非物质文化遗产，已经有上千年的传承历史。十二生肖积木拼版（图1-1-1）正是生肖、民族纹饰和儿童玩具相结合的产物，承载着优秀的民族文化。作品通过几何生肖图形方案，赋予每个生肖鲜艳的纹饰，让积木富有浓郁的民族特色，是一款适合作为伴手礼送出的节日礼物。

图1-1-1　十二生肖积木拼版设计

二、文化创意产品的基本特征

"体验价值"是文化创意产品的一个重要属性,它要求文化创意产品必须能同时满足消费者的物质需求、心理需求和精神需求。文化创意产品需要具备的特征包括文化性与艺术性、地域性与民族性、纪念性与实用性、经济性与时代性等,以区别于一般商品。

(一)文化性与艺术性

1. 文化性

创意产业具有深厚的人文气息。创意产业是一种创新理念,它是在运用创造性思维激发文化、情感和概念后产生的。它可以为产品赋予新思想、新文化、新情感、新概念和新时尚,大幅提升产品的文化附加值,从而创造出丰厚的经济效益。

文化创意产品的文化性体现在其能传递民族传统、时代特色、社会风尚以及企业或团体的理念等精神内涵。文化创意产品的主要内容在于其文化性,消费者在购买此类产品时,并非只考虑其实用价值,同时也倾向于购买一种特定的生活方式,这种方式源于产品所代表的文化情感溢价。在经济体验日益重要的当下,文化创意产品不仅是商品,更代表了一种独特的文化和故事。这些产品蕴含的独特精神价值和社会内涵,应该反映出文化历史、内涵和消费者独特的价值观念。文化创意产品强调积极推进文化创新,这种创新可以是与传统文化的结合,也可以是对多元文化进行创造性组合。在开发文化创意产品时,我们应该尊重文化的"精神内核",避免扭曲或篡改文化,这样才能更好地传承和创新文化。

2. 艺术性

艺术性指的是在进行设计活动时,不仅要考虑设计条件、材料、环境等因素,还要考虑审美规律,要让设计的审美要素在最终作品中有充分的体现。文化创意产品是在对受众群体的审美特征进行充分考虑后创作出来的,不仅要有艺术价值,还要有艺术欣赏性。完整的艺术欣赏应该从两个方面入手:一是欣赏文化创意产品的形态与外貌,二是欣赏其内在的精神与内涵。只有内外相融,才能给观众带来愉悦感。此外,艺术欣赏也应唤起人们对生活的热情和价值体验,从而将文化创意产品与人的日常生活联系起来。

所以，在设计文化创意产品时，设计师不仅要对材料、不同制作工艺和形式所能体现出来的产品特性进行充分了解，还要了解文化传统、民俗习惯、地域风情、神话传说、生活方式等，使设计出的产品在外观上符合现代审美需求，在内涵故事上引起消费者共鸣，从而让产品的艺术价值从不同角度得以展现。

（二）地域性与民族性

1. 地域性

地域文化是一种人文精神活动，其基础是地域，文化主线是历史，文化载体是景物，文化表象是现实，该文化在社会进程中发挥了重要作用。某一地区的地域文化代表了该地区社会、民族的经济、政治、宗教以及其他文化形态，深刻地反映了该民族的哲学、艺术、宗教、风俗和整个价值观体系的源头。根据地方特点进行的设计即为地域性设计，这种设计主要包括在地域环境基础上进行的适应性设计和在当地文化资源基础上进行的传承性设计。地域性设计实际上是一种生态性设计。

文化空间因地域而异，不同地域下呈现出的文化环境也存在很大的差异。例如，在中国，虽然长江流域文化与黄河流域文化有区别，但它们都属于华夏文明的范畴；虽然荆楚文化和赣皖文化存在差异，但它们都属于长江流域文化的范畴；同时，荆楚文化还包括屈原文化和三国文化等多个子文化分支。利用传统文化中的符号和功能模式，让现代设计满足地域文化共同体的审美认同，同时也让其他地区的人感受到文化审美心理上的差异的设计方法即为地域性设计的基本方法。

在设计文化创意产品时，需要在总体上体现出文化的共性和个性，并着重展现文化的个性，以展示特定地域的景象、环境和民俗文化。现今部分文化创意产品在解读文化方面只停留于外表，没有深入发掘文化的深层次内涵，这也是造成文化同质化严重的一大原因。

2. 民族性

由于文化、语言、历史或宗教等方面的差异而划分了不同人群，因而就产生了民族。通常情况下，在历史渊源、生产方式、语言、文化、风俗习惯以及心理认同等方面，民族内的所有人都有相同的特征。"民族的才是世界的"，因为在艺术风格上体现的民族特色越浓郁，就越能赢得世界的欣赏和认同。只有保持民族文化的独特性，才能使文化更加多样化。

人类创造了艺术，但是人类的存在是与所在的民族密不可分的，人类的存在特别依赖于本土文化。例如"鱼"这个概念，中西方对其意义的理解存在显著差异。在中国文化中，鱼具有美好的象征意义，因此若设计作品中融入鱼的形象（图1-1-2），中国人自然而然地就会联想到其所象征的特殊意义。

图1-1-2 年年有余剪纸

设计师在开发产品时，应该注重把握不同民族文化的特性，准确把握其精髓，并努力发掘这些文化的共性与个性特征。要想设计出具有民族风情的产品，设计师必须尊重民族风俗习惯，对民俗故事、纹饰、器物等元素进行分类整理，并加以提取，这样才能使产品的民族性更强，也更有利于民族文化的传承和弘扬。

（三）纪念性与实用性

1. 纪念性

文化创意产品承载了情感和记忆，因而具有纪念性。人们通过纪念来感知现实生活，并通过这种方式持续丰富个人和集体的文化追求，从而促进人类文明的多元化发展。文化创意产品的纪念性不仅体现在人们可以通过该产品获得审美享受，还体现在文化创意产品能帮助人们回忆历史，帮助人们认识自我及周围世界。强调纪念性可以让人们更加深刻地意识到自身与被纪念事物之间的紧密联系，而文化创意产品则是将这种纪念性延伸到产品中，从而唤醒人们的某些记忆。

可以运用象征的手法来设计纪念性文化创意产品。在象征手法中，概念是通过形象展现出来的，这样可以使与这些形象相关的内在涵义得到更清晰的表达。数目象征、视觉象征和场所体验都是最常见的象征手法。1965年在江陵望山楚墓中出土的越王勾践剑，历经2500多年岁月的洗礼，依然完好无损，锋利无比，剑身满饰黑，色菱形花纹，剑格以蓝色琉璃和绿松石镶嵌几何花纹，光彩耀目，被誉为"天下第一剑"。在旅游纪念品文化创意产品设计中，设计师以"天下第一剑"——越王勾践剑为设计来源，U盘剑身覆刻源于越王勾践剑剑身上的菱形暗格花纹，并阳刻8个鸟篆铭文"越王鸠浅，自作用剑"（图1-1-3）。此创意产品既传承了文物经典，也将刻苦奋斗的精神品质传递给了游客。

图 1-1-3　越王勾践剑 U 盘

2. 实用性

我国传统手工艺者之所以能得到资本市场和政府的更多关注和支持，主要是由于他们创造的产品具有实用价值，能够直接投入市场生产。考虑到我国的实际情况，消费者在购买产品时更倾向于选择那些具有实际使用价值的产品。虽然文化创意产品不一定必须强调实用性，但设计师应该把实用性作为一个重要的考虑因素。

（四）经济性与时代性

1. 经济性

经济性表现为，在保持文化创意产品设计效果最佳的前提下，应尽可能降低能耗。文化创意产品的设计应该具有较高的性价比，且价格应该根据消费者的购买力来设定。经常会出现一些旅游景点或文博单位的文物复制品或手工艺产品缺乏创意，而价格却高得离谱的现象，这让许多消费者感到十分失望。文化创意产品最大的市场优势在于创造性设计，让产品拥有了文化内涵，并提高了体验价值，从而使产品的附加值得到显著提高，让消费者感到"价格合理，贵有贵的道理"。

设计师应该充分考虑消费者的不同消费能力和需求，推出不同档次的产品，包括高、中、低档三个档次，以拓宽消费者的选择范围。此外，有关部门应该完善监管和引导措施，以提高消费者对产品的好感度，从而吸引消费者复购文化创意产品。

2.时代性

艺术是人类生活中不可或缺的一部分。它能够增强个人在认知、创造和审美方面的能力。文化创意产品设计需要将传统文化与现代审美需求相融合，以适应当代人的需求与喜好，确保文化与时俱进。因循守旧是站在时代性对立面的思想，我国许多手工艺品和民俗非遗项目难以得到妥善传承，主要原因就是它们未跟上时代的步伐，未与当代生活方式相融合。

随着中国传统文化全面复兴，我国出现了一大批"古老"而又"年轻"的电视专栏节目，如《国家宝藏》《如果国宝会说话》等弘扬中国传统文化的节目广受好评。这些节目能够取得成功的很大一部分原因就是注重与年轻人的沟通和互动，创造出了极具时代感和纪念意义的效果。

第二节 文化创意产品的思维模式

一、灵感思维

（一）灵感思维概述

灵感常常是指人们在不经意间获得的、突然涌现的、让人感到豁然开朗的思维启示或理解，是一种借助直觉思考的思维形式。灵感是创造性思维的一个重要形式。尽管灵感出现的时间和地点都难以确定，但其形成的条件却相对稳定。它的诞生需要积累丰富的知识，智力水平不断提高，精神状态良好，外部环境和谐稳定，还需要进行长时间的深入思考和专注探索。

灵感思维也被称为"顿悟"或"豁然贯通"。它与一般思维不同，具备瞬息性特征，还有着明确的目标和意义，它通常是针对特定问题而产生的，并且对问题的澄清或解决有很大帮助。灵感并不是突然想起某件事或某个人，而是记忆回忆。真正的灵感需要达到顿悟的"悟"和豁然贯通的"通"。

（二）灵感思维的特征

1. 突发性

突发性是灵感思维的一个重要特征。灵感思维过程与常规思维过程有所不同，它并非是通过感性认识逐步积累形成理性认识的，而是突然迸发的顿悟，通常在不经意间产生。它的发生时间和触发原因通常会受到偶然因素的影响，难以预测。灵感思维的产生不受时间和状态的限制，常常在最出人意料的时候突然闪现。灵感的出现形式也很难确定，没有人能准确预测其究竟是突然产生的"顿悟"，还是逐渐发展的"渐悟"。灵感的产生可能受到创作者的内在精神状态以及周围环境气氛的影响。即使创作者经过长时间的思考，也可能无法产生灵感，但是在进行无意识活动时灵感可能会突然降临。灵感还可能在睡梦中或半梦半醒状态下产生，一些熟悉或者不熟悉的事物也可能会带来突然的灵感。

灵感思维带来的效应是出乎意料的。它是一种认知上的飞跃，一旦发生，就像打开了一座封闭的闸门，许多以前没有意识到或察觉到的信息和思维瞬间涌现出来，转化成灵感。当创作者获得灵感的启示时，就像是一盏灯被瞬间点亮，他们的思路会迅速打开，对事物会有更深入的理解，通常这种突然的灵感连创作者本人都会感到惊讶。

灵感思维的产生是突然到来、难以预料、转瞬即逝的。灵感思维最显著的特点就是突发性。何时会出现灵感？灵感是以何种形式呈现的？灵感源自何种事物？这些都是很难预测的。灵感常常是突如其来的，而且没有任何预兆。有时灵感可以在一个长时间的思考过程中突然降临，有时则可能是在一定的机遇和情形下突然出现。

2. 被动性

灵感的发生过程无法被主观察觉，通常它不受个体控制，而是在外界因素的触发下产生的具有偶发性质的一种思维形式。灵感思维与常规的自觉性思维有很大的区别。自觉性思维是指人类自发、有意识地推动着思维从感性认识上升到理性认识的过程，思维主体在该过程中起主导作用。相反地，灵感的生成并不受限于意识的范围，而是在意识之外的潜意识中。它常常是不可预测的，不会按照一定的规律出现，创作者很难控制它的产生。它会出现在意想不到的时候，因此难以被创作者掌控。灵感往往是无法被控制、无从预知的，因此创作者常常只能被动地等待它的到来。

实际上，灵感是经过创作者长期以来的不断积累和反复思考后才产生的。对于任何个体或单一事件而言，偶然性的存在确实很普遍。但是看似偶然的事情实际上都是由历史的联系和因果关系所驱动而产生的。事物之间存在着多种不同的联系。每件事物的成因往往是复杂的，包括远因和近因、主要原因和次要原因。尽管创作者无法控制灵感何时涌现，但是他们可以积极主动地创造良好的思维环境，从而提高自己的灵感产生能力。

3. 模糊性

模糊性也是灵感思维的一个重要特征，这种模糊性使灵感充满了神秘和未知。灵感思维是一种非逻辑性、非线性的思维方式，因此模糊性是灵感思维中必然会存在的特征。这种模糊性的产生源头是灵感思维的突发性。由于灵感思维是突发的，人脑获取的认知是呈跃进式的，这使其不可能像逻辑思维那样严谨和精确，并且有时在细节方面仍然存在着不完善之处。因此，灵感思维势必会具有模糊性的特征。

通常情况下，人们需要用符合逻辑规则和有条理的语言来表达自己的思想。这使得人们只能使用模糊的表达方式来描述灵感产生的过程，有时甚至创作者自己对灵感的产生过程也难以做出准确的描述，他们也只知道灵感产生的结果。

4. 独创性

一件优秀的艺术作品必须具有独创性。如果一件作品缺乏独创性，那么它的内在价值就会降低。在文学艺术作品的创作中，要想使作品具有独创性往往需要创作者的灵感涌现。灵感具有独特的表达能力,它能够彻底打破常规思维和传统心理模式,因此无法被复制或模仿。在艺术创作活动中,只要有灵感思维参与,无论何种形式,都会呈现出独创性的特点。因此,独创性可以说是灵感思维的最根本的特征。与常规的思维方式相比,灵感思维的显著特征在于其具有创新性和独创性,灵感思维的科学、艺术和社会价值就蕴含在其独创性之中。获得意料之外、新颖独特的成果通常是灵感思维创造性的具体体现,这意味着灵感思维能够捕捉到一般思维无法获得的独特思想成果,具有非凡的创造能力,能够在作品创作过程中体现创新的价值,提出解决问题的新思路和新方案。自古以来,灵感的独创性在各国文学家和艺术家的"神来之笔"中都有所体现。由于灵感的突然性和不可控性,它作为一种完全私人的思维方式,不可能被他人复制,因此灵感一直被视为艺术创作中的智慧之花。有时候,一个新的艺术流派或审美领域的产生也来自灵感。

(三)触发灵感思维的类型

1. 外因型灵感

当灵感的激发源头来自外界的意外机遇时,这种灵感就叫作外因型灵感。外因型灵感可以基于不同的信息类型被分为五种灵感形式,分别是现象诱导式灵感、实物启示式灵感、语言点化式灵感、书画启迪式灵感和情景触发式灵感。

(1)现象诱导式灵感

现象诱导式灵感就是指以现象为触发信息,激发人们产生灵感的一种情况。灵感最常见的产生形式之一就是通过某种现象的引导而获得。在长期的科学探索中,很多一直困扰科学家的难题通常会在一些常见或不寻常的现象的诱导下找到解决办法。

举例来说,阿基米德在洗澡时观察到水溢出浴盆,他通过这个现象得到了启发,不仅发现了判断王冠是否为纯金的方法,还提出了浮力定律;牛顿受启发于苹果落地的情景,发现了万有引力定律等相关物理规律。

(2)实物启示式灵感

实物启示式灵感指的是从实物中获得的灵感。灵感来源的物品和所创造的物品的形态几乎完全相同,因此设计者在接触这些物品时,可以通过移花接木的方法直接借鉴客观原型,从而得出新的设计构思。

(3)语言点化式灵感

语言点化式灵感指的是在口头交流、讨论或学术交流中,偶然受到外来的启示或提示,从而引发的灵感。因为人们的文化水平、知识体系和理解能力各不相同,所以在交流过程中,不同的思维方式和特点会相互渗透、碰撞或冲突,这有助于打破和改变一个人固有的思维方式,从而促进思想上的"飞跃",激发灵感。

(4)书画启迪式灵感

书画启迪式灵感指的是通过文字和图画等信息来激发的灵感。举例来说,弗洛伊德从考古学发掘方法中获得灵感,创立了精神分析理论,并经常使用考古学的隐喻来描述精神分析的过程;在魏格纳住院期间,他通过观看世界地图提出了最初的大陆漂移理论。许多科学家常常在繁忙的工作中抽出时间来阅读书籍、杂志、报纸、画册等,这样不仅可以放松身心,而且可以加深对相关事件的了解,有时候还能不经意间获得启发,激发灵感。

(5)情景触发式灵感

情景触发式灵感指的是由一个生动、鲜明、充满新意的情境所带来的灵感。举例来说,傍晚时分,布什内尔在海滩上欣赏落日余晖下的海景,注视着水中游弋的鱼儿,不经意地触发了创造潜水艇的念头,并在后来成功实现了这一灵感;威尔逊通过模拟云雾制成云雾室的灵感来源于他在山顶看到的云雾缭绕的景象和美丽的光环。许多科学家在长时间紧张思考后通常会放松一下大脑,这时他们喜欢去风景宜人的地方散步或者休息一下。在宁静、宜人的环境中,他们往往感到愉悦、放松,容易被周围的景色和氛围所触动并迸发出灵感。

2. 积淀型灵感

积淀型灵感是指通过内部积淀的知识和思维能力来激发出新的灵感,而非依赖于外部的刺激。但是,这并不意味着积淀型灵感是在没有外部条件的情况下产生的。这种创新和具有突破性的灵感通常只会在宁静的书房、优美的庭院、广袤的山谷或惊险的梦境等环境中才会产生。这些环境虽未直接参与分析过程,也不作为思维要素出现,但却是实现这种灵感所必需的客观条件。积淀型灵感可以根据其特点的不同划分为两种：一种是自由遐想式灵感，另一种是梦幻显灵式灵感。

（1）自由遐想式灵感

自由遐想式灵感是指在放松状态下，大脑不经意间自发产生的创作灵感。比如，1905年爱因斯坦提出的相对论就源自自由遐想。偶然间，爱因斯坦想到了一个问题：假如我以光速追逐一束光线，那么会看到什么？过了很多年，这个古怪的想法又带来了一个新的奇特问题：若我这么做，我自己和始终站在原地的旁观者是否会有相同的体验？自由遐想还促使了现代分子生物学领域中DNA双螺旋结构的发现（图1-2-1）。沃森将这一发现的诞生过程写在了《双螺旋》一书中，有一次他的手指冻得没法写字，只好蜷缩在炉火边胡思乱想，想到一些DNA链怎样美妙地蜷缩起来，而且可能是以很科学的方式排列起来。又有一次，他在户外欣赏番红花，至少还能希望出现一种美妙的基本排列，他说："有时，在刹那之间我会发生恐惧，生怕这种想法太巧妙、可能有错误时，便常和另一位发明者克里克一起互相告慰说如此美妙的结构一定存在。"这个了不起的模型显然为分子生物学带来了崭新的发展方向。反常规、反定论是自由遐想的主要特征，当这种想象与现实相差甚远时，往往会遭到大众的不解和质疑。

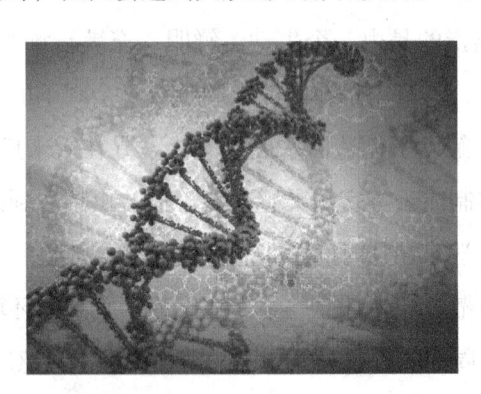

图1-2-1　DNA双螺旋结构

（2）梦幻显灵式灵感

"日有所思，夜有所梦。"这句俗语就是对梦幻显录式灵感产生方式的描述。梦境可以促进灵感的激发，但它只对那些勤于思考并富有毅力的人有益。中国科学家高歌通过梦境的激发，探索出了保持喷气发动机燃烧稳定性的上下限范围，成功攻克了国际航空理论中的一项重要难题。凯库勒在梦中看到一条蛇咬住了自己的尾巴，从而整个蛇身变成了一个环形，这个环形图像的启发让他发现了苯分子的结构是环状的。

无论是在科学研究还是现代技术领域中，灵感思维都扮演着至关重要的角色。提出创新性的想法是技术发明的关键步骤。灵感在现代技术方法中的地位十分重要，无论是原理应用型、移植型、综合型还是革新型的技术方法，都离不开灵感的启示。在产品创意设计中，灵感思维是一种非常关键的思考方式。人们在进行产品设计时，能够通过灵感思维的方式快速解决那些让人感到困惑的问题，并据此发明出创意丰富、独具匠心的产品。

二、加法思维与减法思维并重

（一）"加"和"减"在产品设计中的意义

工业设计的主要目的是提出解决矛盾和探索问题的多种解决方案。在进行产品设计时，"加"和"减"不仅是一种逻辑手段，其应用也会产生设计美学。在产品设计方面，我们应该关注用户的需求和感受，而不仅仅是遵循惯例，因此在设计产品的外观、功能和界面时，我们必须有所创新和改进。"加减法"并非简单地增加或删除功能，尽管功能是用户最关注的因素之一。要通过"加减法"的运用使设计出的产品精确地满足用户的实际需求。在设计中，需要将人作为最重要的因素，同样，加减的技巧也需要重视人的需求。我们应该增加产品中的"人性"元素，并减少机器性的元素，从而逐渐达到机器和人的和谐。

优秀的设计不仅能有效地传达产品信息，而且还能展现设计师的创造力和独特的个人风格。只有通过减法将核心要素提炼出来的方案才是出色的解决方案，而通过加法增加用户认知复杂度的方案并不是最优选择。在当下信息、图形、功能、色彩都过度饱和的情况下，产品设计的核心原则是如何进行最大限度的精简和筛选，以便于各个要素可以进行更好的简化和组合。当在产品设计中运用"加""减"思维时，实际上指的是在产品中增加或减少某些特征或元素。并非所有加减与多少之间都存在唯一的对应关系，有时候僵化的加法反而会使产品价值大大降低，而独具匠心的减法则有可能使产品价值有效增加。加减思维是一个值得深入探究的设计艺术，它和我国道家文化中提到的正负盈亏理念如出一辙。

（二）加法思维的运用

1. 功能上的加法

对消费者而言，最关键的产品信息是产品功能。通常这些功能有必要功能和次要功能之分。一般情况下，功能的分配并非是固定的，而应基于用户需求进行定位。必要功能被视为产品价值的主要衡量标准，因为大多数用户都希望产品具备这些功能。所谓次要功能，指的是那些只有极少数用户需要或者完全不被需要的功能。尽管次要功能不是一个产品必须具备的，但它却可以让该产品与其他同类产品产生差异，并为产品增加附加价值。

在产品功能设计上，加法可以应用于两种情境。一是将多个必要功能叠加到同一件产品上，通过这种设计制作出来的产品往往汇集了多件产品的主要功能，其设计目的是实现设计进化、资源节约和占据更大的市场份额。举例来说，全自动洗衣机将洗涤和甩干功能集中在同一个桶内，为用户提供了更加便捷的服务。二是将多个次要功能叠加到同一件产品上，这种设计方法在产品功能的加法设计上非常普遍。在同类产品具备的必要功能都相同的情况下，消费者在购买产品时自然会考虑产品的附加价值，所以采用加法设计强化产品的次要功能是非常重要的设计策略。举例来说，电饭煲本身的主要功能是烹饪米饭，而预约定时、倒计时等多种次要功能的设计可以为产品增加更多的附加价值。

需要注意的是，增加功能时应该谨慎，不能过度。有时候过度地增加功能仿佛是提升了产品的性能，但实际上却破坏了产品的基本特性，这种设计反而对产品无益。相关数据表明，如果只是盲目地追随个别消费者和小众群体的需求，而不是基于精准全面的市场需求调查进行的产品功能叠加，不仅会大大增加产品的制造成本，还会大量浪费社会资源，大大降低产品的实际价值。所以，要特别注意"功能适当"原则在功能加法设计中的应用，在获得设计灵感后要时刻保持理性。

2. 造型上的加法

在衡量产品质量的指标中，造型是一个很重要的指标，同时在数量众多的同类产品中，造型也是消费者挑选产品中的重要考量因素之一。有研究表明，如果产品功能和价格相近，用户更愿意购买造型设计符合自己审美的产品。所以，产品设计不仅要考虑功能与造型之间的平衡，还需要设计者从用户的审美角度出发对造型的美观程度进行合理规划。

产品的整体形象与其造型密不可分。在进行造型设计时，需要运用合理的"加减"思维来激发创意，这对产品设计来说是非常重要的一个步骤。

首先是堆叠，它指的是将两个或多个原本相互独立的个体有机地融合在一起，使之成为一个新的个体。一般来说，原本的那些独立个体的部分特征会体现在新形成的个体的造型中，同时这个堆叠而成的新个体会具有全新的含义。这种设计手法通常出现在工程类功能性的案例中。

其次是融合，它指的是将产品的细节与整体无缝地融合在一起，创造出呈现逐渐变化形式的凹凸面或消失面，通常融合边缘会呈现出较为柔和的形态，以容纳各种功能模块。这种设计手法在将局部细节与整体设计融合在一起的设计中用得比较多。

再次是过渡，为了使两个主体之间的衔接更加自然和流畅，常采用倒圆角的方式或者其他形式过渡，如第三种形态。常见于需要安全性和美观性的情况下，用于连接多个大小相似的实体并实现平稳过渡。

最后是包裹，包裹可以用在物体的某个表面上，也可以用在整个物体上，这种设计手法可以让产品造型更加有整体性和层次感，在一些需要对外观韵律有所体现的设计中用得比较多。

3. 材料上的加法

在进行产品设计时，材料是最基本的要素，它支撑着产品的形态、功能和结构。消费者和产品可以通过材料进行交流，同时材料也会对消费者所处环境有重要影响。用户的产品材料需求，涉及产品外观的触感、颜色和易用性等能够满足用户功能和心理需求的方面，同时产品材料还要满足用户对产品与自然社会协调发展的需求。在设计产品时，了解用户需求并选择合适的材料是非常重要的。这不仅可以让产品更方便用户使用、满足用户的审美需求，还可以减少对环境的不良影响。

以上的材料加法设计主要针对两个方面。一方面针对的是材料特性。虽然传统材料有其长处，但是其不足之处也十分明显。随着科技的迅速发展，新材料不断被发现。新材料是通过物理改造、化学加工、性能设计等手段的研制后形成的，突破了传统材料的限制，满足了人们的要求。通过充分利用新型材料，可以有效地解决产品设计中的矛盾和难题。另一方面针对的是产品本身。通常可以使用多种材料来满足产品的功能需求，加法思维的核心是可以在经过多方面的比较后，替换、增加或间隔使用某种材料，从而使产品性能得到有效提升。

用户往往是通过其对材料的视觉、触觉乃至嗅觉的掌控来构建产品需求。人们在挑选产品的过程中，通常会使用观察、触摸、听取甚至嗅闻等方式来判断一件产品是否满足他们的需求。所以，材料和工艺的结合方式直接影响了人们与产品之间的互动以及人们在这种互动中所获得的消费体验。

随着现代科技的不断进步，不断涌现的新材料和新工艺为产品设计提供了更多的创新可能，使产品形态得以不断拓展，从而使消费者日益增长的需求得到了满足。通过利用合适的材料和工艺设计，可以同时满足用户对产品外观的美感要求和高品质使用体验的要求，也可以让产品更符合当下环境保护的要求。随着全球气候变暖的日益严重，人类越发清晰地认识到，现代科技文化对环境和生态的破坏给我们带来的危害。因此，在产品设计阶段，需要考虑用户对产品基本功能的需求，并选择更加环保的材料，要让产品设计与当下的环保理念相符，实现人与自然的高度和谐发展。

材料的加法设计旨在实现产品与环境之间的协调共存，合理利用资源以减少消耗，避免在设计过程中给环境带来更多的污染。当设计者的可选材料有很多种时，应该优先考虑那些来源充足且环保的材料，以最小的资源消耗来实现最佳的设计效果。另外，通过巧妙地组织和循环利用日常生活中的材料，能够积极地响应社会对绿色产品设计的呼吁。例如，用经过加工处理的废旧书籍制成的装饰品和家具，造型美观，也非常实用。在进行产品材料设计时，要以满足用户需求为主要目标，这样不仅可以使设计出来的产品更加舒适、效果更好、更易于使用和更符合用户的审美，还可以使产品更加环保。因此，设计师需要对材料的物理特性和感官特性进行更加深入的了解，以此来进行更为合理的材料组织和配置。同时，在选择多种材料时要优先使用环保材料，如此设计出来的产品才会更符合用户需求。例如，某品牌香水从包装整体造型上就能看出该香水的主要成分均来自天然提取成分，将生活中常见的贝壳、石头、竹子材质肌理运用在包装的外观上，突出该系列香水的自然特性与自然之美。因此，将该香水包装设计的突破点集中于香水的自然特质，能够有效强化该品牌特有的文化魅力。

（三）减法思维的运用

在产品设计不断深入的过程中，设计师通常会产生许多新的想法和理念。如果产品融合了所有新想法和新理念，尽管它可能会看起来功能强大、设计感强烈，但实际上对该产品来说不一定是有益的。尤其是针对那些市场需求并不强烈的小众功能，在未考虑周全的情况下盲目地添加到产品功能中，可能会让用户感到困惑和使用不便。所以，在设计产品的过程中，我们需要考虑的是通过删减无关紧要的功能和装饰，让产品变得更加简洁和易于操作，让用户更清晰地认识产品并能够轻松使用。

"简单"和"简洁"虽然有些相似，但它们并不完全相同。简洁强调的是实际呈现效果，体现在界面的设计风格上；简单是一项贯穿整个产品设计理念的隐性品质，难以被直接观察到。设计复杂的产品并不困难，真正体现设计师功力的是将产品简洁化。

有的高科技仪器的操作界面过于复杂，功能键较多，让用户不知如何操作。这样的设计是失败的，因为设计者或工程师未充分考虑大多数用户缺乏相关技能的情况。减法设计的目的是让功能界面在完整的基础上变得更加简明易懂，让用户可以轻松上手。

如果一个产品的功能、按键、界面太烦琐，用户就会感到困惑。归根结底，一个产品的存在是为了解决一个或部分问题，而非解决全部问题。在设计过程中要注重对产品最初定位的还原，要尽量避免使用会分散用户注意力的功能、按键和颜色等元素。

1. 功能上的减法

在数学中，减法是一种运算方法，与"少"相对应，表示从原有数量中减去一部分。在设计领域中，减法设计的思想是以"少"为核心，旨在通过简化、精简来达到更为卓越的设计效果。这里所谓的"少"并非指数量上的减少，而是为了更好地将设计的好凸显出来所采用的一个手段。减法设计倡导运用极简风格，摒弃一切与产品实际价值无关的元素，以精选的设计元素来满足用户需求为基础，力求达到设计的极致简洁。减法设计并非通过减少产品的必要功能来降低价格，其本意在于去除复杂的装饰性元素，使设计更加简单、优雅。简约的设计可以提高用户的使用体验，让用户更易于上手操作。当设计者需要进行功能减法时，他们会面临一个巨大的挑战，那就是如何使产品兼具强大的功能、简明的外观和易于操作的界面。

现今，产品的功能日益繁多且复杂，因此用户在使用产品时面临的负担也与日俱增。在虚华的设计趋势下，设计师通常会尝试将各种各样的功能整合到一个产品中，试图满足所有用户的需求。然而，在实际使用中，许多功能都是不必要的，最终会导致产品制造成本的增加和社会资源的浪费，并不会给用户带来实际的便利。这种设计一旦太过烦琐，使用户的负担增加，相关产品就注定会被淘汰。设计师在设计产品的过程中需要用批判性的眼光来审视整个产品，以便通过减法设计使产品功能回归本真。

我们应该避免盲目地通过高科技来为产品添加过多无用的功能，也不应该在追求简洁美观的同时牺牲必要功能。在功能增加时，我们需要有计划地累加。同样，在功能减少时，我们需要有明确的目的。

2.造型上的减法

通过采用多种不同的产品元素并进行逐层叠加，造型加法设计使产品呈现出了更为丰富的层次感和功能导向。造型减法设计旨在营造更加大气和紧凑的产品形象。使用频率比较高的造型减法主要包括以下几种。

首先是切割，这种设计手法主要用来划分产品局部空间，设计重点是让产品细节和整体美感达到和谐统一。切割方式分为面的切割和体的切割两种。

其次是旋转，这种设计手法的应用是基于产品的基本形态进行的。通过对产品基本形态的旋转扭曲会让其更符合用户的操作需求或审美导向。在对富有动感的产品和活动的产品进行造型设计时，旋转手法比较常用。

再次是挤压,这种设计手法是对产品的基本形态进行挤压,使其凹陷。在接口、按钮等部位的细节设计中比较常用。

从次是拉伸,在产品的基本形态较为柔软且易于发生变化的状态下对其进行拉伸,以这种方式对产品的功能空间和强度细节进行塑造,最终会使产品展现出来的造型更加柔美。在功能和按钮等操作区更适合用拉伸的设计手法。

最后是折叠,从二维艺术中提炼三维造型素材是该设计手法的灵感来源。该手法以打造具有韵律感和硬朗的外观效果为主要目的,在雕塑和前卫产品设计中比较常见。

3. 视觉界面的减法

用户的情感体验与产品的视觉效果有很大的关联。优秀的设计者一直在追求用最简单的手段实现最佳的设计效果,利用不同的设计手法使产品的整体形象有不同的展现形式。

在用减法设计产品的视觉界面时,简洁明快的视觉效果是其最终目的,这就需要设计师将文字、图案、颜色、版式等因素进行有机搭配,保留必要的元素,删除不必要的元素,这样可以快速提升用户体验,也能在一定程度上提高产品的价值。

(1)图形上的减法

在设计产品时,图形是最能够引起用户共鸣的元素之一。所以,设计师需要精准简洁地运用图形元素,避免过于复杂的设计,从而让用户更容易接受和理解设计意图。运用减法设计图形时,关键是要抓住事物的核心,剔除无关因素,准确地总结概括实际的物象。

图形数量的增加并不会使信息量同步增加。此外,图形的复杂程度也不一定与信息量成正比。相反,简洁的图形往往具有明确、专一的指向性,能够更有效地吸引人们的注意力并传递有效信息。

(2)色彩上的减法

色彩在视觉审美中扮演着至关重要的角色,它往往是人们对事物产生第一印象的重要因素。在长期实践中发现,用语言描述色彩的美丽总是相形见绌,因为色彩有着超越时间和种族的表现力和传递力。一幅美丽景色的观赏者可以是智者,也可以是白丁，通过欣赏他们可以从中得到不同的感受。色彩传达的深层意义非常丰富，并且具有持久的表现力。色彩具有打动不同观众的能力，可以让人产生共鸣。相较于文稿图形和图形文稿传达，色彩传达在视觉效应上更为强劲。然而如果在设计过程中，其内容没有经过筛选和整合，可能会导致图形元素太多，失去了色彩和画面的特质，进而减弱了色彩的表现力，最终会让用户感到视觉疲劳。色彩运用的关键在于正确使用色彩，选用哪种颜色或使用多少颜色对产品设计中的色彩运用来说并不是最重要的，在创作时使用少量的颜色也能创造出优秀的作品。

（3）文字上的减法

文字是传达信息的媒介，使用的词汇越多，所要传达的信息就越丰富。然而，文字在视觉传达设计中却与信息传达有很大的不同，其传达效率与文字的数量相反。举例来说，广告设计的目的通常是要求人们接受广告内容，这就需要使用简洁的词汇来传达更多的信息，以提高传达效果。

（4）版面上的减法

在产品界面设计中，版面设计应以"阅读最省力"为指导原则。为了遵循这一原则，设计师可以从两个方面考虑：一是设计后的版面必须是简洁的，让人一眼就能看明白；二是要确保视觉流程畅顺无阻。一些版面设计缺乏重点和层次，画面布局混乱、信息难以捕捉，会给消费者带来视觉疲劳和窒息感，这样的设计就是失败的设计。在进行版面的减法设计时，要将其核心要素保留下来，删掉不必要的元素，由此会使人们的阅读更加轻松便利，信息传递更加快捷。此外，对图形、色彩和文字进行简化后可以避免整个版面杂乱烦琐，使其看起来更加整洁、简约。正如古人所说的"鸟鸣山更幽"，这样的设计会让人有更多的想象空间，其他形式的信息是无法提供这种感觉的。人们倾向于想象，空白并非空无一物，而是蕴含着无限可能。在我国水墨画中充分展现了这一点，"此时无声胜有声"表达的便是这个意思。

（四）"加"与"减"并重

加减法既是数学领域的问题，也蕴含在逻辑和方法层面中。在许多情况下，加法和减法是互相促进的，它们之间的区别并不明显，很难确定哪一个是"加"的作用，哪一个是"减"的魅力。

设计师的创作是从无到有的，在什么都没有的情况下，他们会采用加法的方式来逐步完善和构造出成熟的设计作品。但这并不意味着设计的完成，他们还需要运用减法技巧将那些非必要元素剔除出去，最终留下精华和核心部分，使设计的作品更加简洁，由此才能真正满足消费者的需求。这一过程相当复杂，因为设计师身处其中，很难确定哪些元素应该被保留，哪些元素应该被舍弃。这就意味着，设计师需要在不断的学习和实践中提升自己。

进行减法设计需要有非常高的设计能力和经验水平，相比之下，加法设计难度更小。这就好比填满一张白纸很简单，但是在一张已经画满内容的纸上留白，就会比较困难。减法设计更能体现设计师的专业水平。设计师的目标是通过敏锐的洞察力设计出大气、简约、多样和美观的产品，以满足人们的需求。只有不断地添加和削减，产品设计才能接近完美。设计师在传达自己的设计理念时应该采用更加简洁明了的视觉元素，这样才能使最终设计的产品的各个要素层次分明。故宫榫卯拼接橡皮（图1-2-2）是加减法运用的很好范例。设计灵感取自故宫建筑大殿的榫卯元素，榫卯完全靠自身结构的连接支撑，是中国古代民族传统的土木建筑固定结合器。产品对古代榫卯结构进行简化提炼，橡皮色彩鲜艳，构造独特，是鲁班锁中一款入门级的榫卯结构，趣味性强，收藏品鉴价值较高，同时可以培养孩子的动手能力。

图1-2-2 故宫文创——榫卯拼接橡皮

第三节 文化创意产品设计理论

一、心理学理论在文化创意产品设计中的应用

"知彼知己者,百战不殆",只有充分了解客户的潜在要求,从心理学的角度来分析,才能创新文化创意产品设计,促进文化创意产业持续健康发展。

(一)文化创意产品的设计与社会心理相符

1. 以社会行为为核心

文化是历史生活体验和传统惯例的融合,它涵盖了符号和各种社会行为仪式。文化情境便是在特定的物品使用行为活动和操作模式的基础上形成的。文化表现在多个方面,包括人们的行为方式、社会仪式及日常习惯。这些表现都是在产品的功能和运作模式基础上形成的非物质文化,通过它们可以将更深刻的文化内涵传递出来。在进行设计工作时,需要先仔细研究文化行为,重新审视用户与产品之间的关系,重新设计产品的使用流程、操作方式和服务模式,以此来重新定义产品的形象。使用某种产品的用户不会直接感知到特定的文化符号或形象,而是在产品的使用过程中逐渐对其蕴含的文化信号有所体会。文化背景和地域环境对产品风格有很大的影响。地区原有的地方特色相较于其他特色来说更容易获得大众的关注,这有利于形成具有地域特色和地方情感的特殊风格。本地文化通过为产品赋予独特价值,会在传承和再创造方面发挥优势并产生影响力。

2. 契合社会心理

中国传统文化是文化创意产品的产生源头,这些产品中蕴含着中国人的社会心理元素。设计师应当将中国传统文化元素融进文化创意产品中,这样不仅能够使其与中国人的价值观和审美观相契合,还会为产品赋予独特的文化气质,让其具有文化品质,如此才能使最终创造出的产品更富有审美规律和哲学思想。比如,中国传统文化中的吉祥图案,这些图案的来源是一些传统图案和源于生活又超越生活的图案,其中包括祥云、鹤、柿子等,人们会将自己对美好生活的向往蕴含在这些图案之中。将这些富含传统风情的文化元素融入文化创意产品的设计之中,

是很受欢迎的。但是人们不太喜欢使用纸人、蛇、神兽等意象，这与社会普遍的认知倾向有很大关系。所以，只有在对社会心理有充分了解和把握的基础上设计文化创意产品，这样才能事半功倍。故宫柿柿如意快客杯（图1-3-1），创作灵感来源于故宫博物院院藏明朝朱见深的《岁朝佳兆图轴》，故宫每每逢秋，红柿挂在枝头，红润欲滴，十分好看。以成熟的柿子入器，融入"事事如意，时时称心"之意，将福佑从宫廷向外自由延伸，喜庆吉祥弥漫并配有花生型多用盘、加厚布包，方便携带，随时随地可成茶席，一个人品茶也有仪式感。

图1-3-1　故宫文创——柿柿如意快客杯

（二）文化创意产品的设计与消费心理相符

判断市场环境的一个重要指标就是消费者心理。文化创意产品所需满足的消费者需求是多样化的，并且会随着时间的推移而发生变化。为了把握消费者心理，确保文化创意产品能在市场上占据有利地位，设计师必须对消费者的消费动机、行为和能力等问题进行仔细分析。

1. 设计应立足用户体验视角

在当前的社会环境下，进行文化创意产品设计时不仅要充分考虑消费者心理对促进文化内涵的传播所起的推动作用，而且要充分考虑其所具有的现实意义。从消费者心理角度来看，文化创意产品必须能够实现其实用价值并价格合理，以适应人们的生活方式与消费习惯。中国传统文化的象征元素和功能应融合在一起，以此创造出更好的用户体验，而不应该过于浮夸或僵化。文化创意产品的功能不应仅仅局限在满足人们的日常需求上，还需要传承传统文化，同时也要起到传播传统文化的作用。通过设计文化创意产品可以让不同历史时期、不同地域、不同文化所创造出的华丽文化遗产焕发新的活力，让新的思想理念源源不断地涌现出来。在设计文化创意产品时，设计师需要从文化元素中提取具有代表性的元素以符合消费者的心理需求。文化创意产品所需的形象特征可以在设计师的创新设计下发生转化，随后经过调整，将产品的形式和意义有机地与功能结合起来。

2. 消费者要有购买欲望

文化创意产品设计的核心在于激发消费者对产品的购买欲望。只有在产品能够深深打动消费者的情况下，才能给消费者留下难以忘怀的印象。出色的设计应该蕴含深刻的寓意和哲理，能够吸引人们的注意力，还能够精准地传递文化信息并引起人们的想象和美好的记忆，激发内心柔软的情感，诱发消费欲望，并广受人们的青睐。所以，在进行产品设计时，设计师应该注重触动消费者的情感，使用户对产品与时代和理念的紧密联系有深刻的感悟，以引发情感上的共鸣。通过情景记忆，让用户在感知、体验和情感上产生深刻的体验，以此展现文化创意产品的核心精神。"馋"是一个牙签罐（图1-3-2），与食物密不可分，因此取名"馋"。馋与禅谐音，设计师希望它既是一个富有禅意的摆件，也是解决人们日常问题的工具。头上的戒疤则是牙签的出口，只需滑动斗笠就能倒出牙签。

图1-3-2 "馋"牙签罐

（三）文化创意产品的设计与设计心理相符

1. 把握产品的造型特征

作为一种文化创意产品，它比普通产品增加了更多的文化信息，在产品设计的基础上赋予了精神文化服务和功能。从设计心理学的角度来看,设计师在设计过程中应把握文化创意产品的造型特征。其中,"形式"是一种物质属性。设计师应该掌握图形、材料、色彩和功能的设计心理要素图。"状态"是一种精神属性。它具有主观性和情感色彩,能使设计具有情感性和交互性。

2.合理选用产品材料

文化创意产品的材料选择也应体现设计心理。设计师应该考虑人们对材料的材质、重量、颜色、光泽和质感的不同感受,通过刺激感官来产生独特的联想,从而形成一种综合的心理感受。因此,文化创意产品经过材料加工后应当具有体验感的"形"和"态"功能。通过整合材料的不同功能,然后进行延伸,并与造型、图形、色彩相结合,有利于引导用户认知,提高市场竞争力。

二、符号学与文化创意产品

(一)符号学概述

1.符号与符号学

古希腊时期符号就是一种征兆,当时的医生希波克拉底把患者的"症候"称为符号。古罗马时期的哲学家、医生盖伦写了一本名为《症状学》的书,就是我们今天所说的符号学。欧洲中世纪基督教神学教父的代表人物奥古斯丁认为符号就是这样一种东西加诸感觉印象之外的某种东西。这个观点对于20世纪符号学的奠基人索绪尔和皮尔斯有很大的影响。瑞士语言学家索绪尔把语言符号释义为"能指和所指"结合体;美国哲学界皮尔斯把符号释义为符号形体、符号对象、解释项的"三位一体"的整体;符号学美学家苏珊·朗格认为艺术就是情感符号,艺术是人类情感符号的创造。符号在《现代汉语词典》的释义为记号;标记。我国符号学家赵毅衡给符号下了一个清晰的定义:符号是携带意义的感知,符号学就是研究意义的学说。人类文化中任何意义都需要用符号来表达,研究符号学就是对事物的本质、发展、深层规律的研究。

符号学系统地被人类用来传达或类似于传达意指作用的符号。一般意义上,日常生活中的记号、代码也可以称为符号,但符号学对符号有特定的所指,作为符号必须是能指和所指的双体面；符号是人为创造物，必须是为人类传达信息或具有意指作用的创造物，譬如语言就是为实现信息传达这一意图的创造物，所以语言才能成为一种符号。符号学研究的对象就是符号过程，从表意到传达再到解释，在传达的过程中，人们还对符号进行了赋义赋值，从而将符号表现和符号内容相结合，形成了人工造物。符号学被广泛理解为人类创造意义的过程，它特别关注人类是如何在更广阔的意义世界中发展的，实际上，这个世界充满了符号，包括人类和非人类、语言和非语言的符号，符号学系统可以用在生活的方方面面。

2. 发展脉络

20世纪20年代对当代文化、社会、政治、经济问题有一个研究理论，称之为批评理论。它有四个支柱体系：分别是马克思主义批评理论、现象学－存在主义－解释学、心理分析、形式论。当代文化的形式论体系（语言转向）是批评理论中重要的方法论，符号学就是形式论的一个派别。20世纪60年代主要探讨的是形式论相关问题，符号学从结构主义演变为后结构主义，研究内容从文本构成转向文化研究。这期间符号学发展经历如表1-3-1、表1-3-2所示。

表1-3-1 符号学发展模式及代表人物观点

符号学发展的四种模式	观点
索绪尔的语言学模式	他认为语言只是一种符号，语言学为符号学提供了基本模式，索绪尔的符号学实为语言符号学。20世纪前期，"索绪尔语言学"迅速成熟。20世纪60年代，巴尔特、托多洛夫、格雷马斯等人的结构主义符号学体系，实际上是语言符号学。20世纪七八十年代，符号学从语言学（索绪尔能指所指）中脱离出来
皮尔斯的逻辑－修辞模式	他认为符号与意义之间有"根据性"；形成了符号的符合三分类（共8种）；他提出理论符号过程的复杂构成，解释项成为进一步表意的起点，形成无限衍义。由于艾柯、西比奥克、喀勒等人的努力，皮尔斯模式成为当代符号学最重要的模式，也是符号学进入后结构主义的基础
卡希尔模式	恩斯特·卡西尔是德国哲学家、文化哲学创始人，代表作品为《符号形式的哲学》，很多学者认为他是象征形式哲学，这是一种不准确的说法。苏珊·朗格是美国哲学家、符号论美学家，代表作品为《符号逻辑学导论》，她从美学维度对艺术符号特征进行分析，指出艺术创作中符号的隐喻往往是非理性的，感性特浓厚

续表

符号学发展的四种模式	观点
巴赫金模式	巴赫金是苏联著名文艺理论家、批评家、符号学家,他开创了从形式研究文化的传统,很多人称其为"语言中心马克思主义",他指出所有的文化现象都是符号。20世纪六七十年代洛特曼、伊凡诺夫、乌斯比斯基等人创立了塔尔图-莫斯科学派,把符号运用于文化,他们对语言和逻辑单元性的研究比较少,与信息论、控制论、传达论、科学(普里高津的耗散结构理论)的联系比较紧密,技术色彩较浓厚

表1-3-2 符号学发展阶段及人物和理论成果

时间	发展阶段	人物和理论成果
20世纪上半期	模式的奠定和解释阶段	索绪尔理论(布拉格学派、符号语言学派推进)在60年代前率先成熟为一个完整体系;莫里斯把皮尔斯理论发展成系统;朗格在美学和文艺学中推进卡西尔理论;伯克与卡西尔理论遥相呼应;巴赫金理论由于政治原因被搁置。
20世纪六七十年代	符号学作为理论正式确立	索绪尔理论成为结构主义(雅柯布森、列维-斯特劳斯、巴尔特格雷马斯、布勒蒙、托多洛夫、索勒斯);卷入其他思潮的人物和理论成果:马克思主义(戈德曼、阿尔都赛)、心理分析(拉康、克里斯特娃)、现象学/解释学(梅洛-庞蒂、利科)在稍晚些,塔尔图-莫斯科学派在苏联形成,艾柯和西比奥克发展皮尔斯这一支的符号学
20世纪70年代至今	皮尔斯理论取代索绪尔模式,结构主义到后结构主义的自我突破	除皮尔斯模式,巴赫金与塔尔图模式也开始扩大影响,符号学奠基人维尔比夫人的贡献被整理出来,迅速与其他学派结合,广泛用于课题,推进人文学科的基础学科转向后现代时期。马克思符号学。艾柯认为,任何撒谎的东西都是符号研究的对象。德里达从符号学角度找出胡塞尔理论的盲点,这个盲点恰恰就是符号,所以他从符号角度推进现象学,开创解构主义

著名语言学家乔姆斯基曾说:"关于我们一直在讨论有关语言哲学的问题,我最感到接近的,我几乎是在解释哲学家皮尔斯"[①]。皮尔斯构建了三元符号学系统,如图1-3-3所示,比索绪尔多了一元,强调符号表意展开的延续力。对皮尔斯来说,符号学就像进化本身一样,推动着从宇宙力量的作用到人类思想的进步的所有宇宙进程。某物总是与某物相联系,或与他物相联系,从而产生第三种或更多种解释。

---

① 刘晓萍.皮尔斯符号学在语言研究中的继承与发展——论意向性解释三角[J].西安外国语大学学报,2014,22(2):23-26.

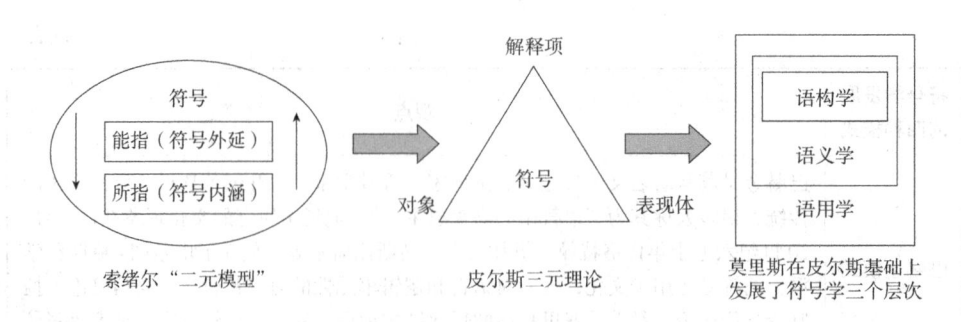

图 1-3-3　皮尔斯构建了三元符号学系统

皮尔斯的逻辑符号学影响了行为符号学家莫里斯，莫里斯认为符号学在美学、社会学、认知学和心理学这些实用科目中承担着组织者的角色。其在1938年出版的《符号理论基础》一书中把符号学划分为语构学、语义学、语用学三个分支。在这三个分支中，语构主要研究符号和符号之间的关系；语义主要研究符号和对象之间的关系，包括其承载的意义；语用主要研究符号和解释项之间的关系。这三个关系同样适用于产品设计当中，产品语构是符号和产品之间的关系，产品语用是设计者对符号编码和使用者解码的过程，产品语义是符号身上所承载的意义。20世纪60年代以后，德国、美国、荷兰众多院校和设计机构开始重视产品符号学并将符号语义学运用到产品设计中，很快被推广到众多欧洲国家。随后亦传入亚洲，日本创立了感性工学，在20世纪80年代以后，中国在设计方面也受到了符号学的影响，在设计符号学、产品符号学、产品符号的语意等方面展开了研究。

（二）文化创意产品是文化符号的载体

克利福德·格尔茨曾说："文化是一种通过符号在历史上代代相传的意义模式，传承的观念表现于象征形式中，通过文化的符号体系人与人才能得以相互沟通和绵延传承，并展现出对人生的知识及对生命的态度。"[①] 人类在设计制造器与物的过程中将美与效用结合，并将物质或非物质的东西通过符号传播，有利于让其绵延不息地传承下去。人类的一切活动都起源于符号，符号是文化的根基。区别于普通"记号""信号"，符号不仅形成了种种文化景观，更是人类文化的独有标志。战国曾侯乙编钟是国家一级文物，它的出土改写了世界音乐史，具有极其

---

① 格尔茨. 文化的解释[M]. 韩莉，译. 南京：译林出版社，1999：23.

珍贵的历史价值。对曾侯乙编钟的文化属性进行解读，运用其文化符号并结合现今文化创意产品与智能化产品两大趋势，设计出曾侯乙编钟－智能音响（图1-3-4），重现历史声乐文化。

图1-3-4　曾侯乙编钟智能音响

设计是人类在社会生产实践过程中为了实现自身发展和进步而诞生的产物，是一种物质性的创造，其设计对象也都是以人类社会的需求作为首要目标。一切文化现象都是符号现象，设计现象也是符号现象，是构成社会编码的重要组成部分。设计的符号在演绎和重新编码的过程中，承担起了交流需求的媒介载体作用，目的是更好地传递社会文化，而这种设计的新符号正是当今文化创意产品。

第四节　文化创意产品设计构成

一、字体

（一）字体设计的原则

1. 简洁性

在我们的生活中，文字无处不在，并作为设计作品中重要的视觉传播语言，在设计中占据着举足轻重的地位。在进行字体设计时，应首先考虑将文字以简洁的姿态编排于版面中，使文字具有较高的辨识度。

把握文字结构、逻辑关系等因素，并结合点、线、面等设计理念，可使版面中的文字清晰可见，让读者能够较为畅快地阅读。

2. 易读性

文字是日常生活中重要的记录符号和表述语言，也是不可或缺的信息传播手段，因此文字对视觉传达设计的重要性是不言而喻的。在对创意设计中的文字进行编排时，保证其在版面中的易读性是提升页面信息传播效率的重要因素，通过选用最恰当的字体，并将其进行合理的设置，可以在一定程度上提高版面中文字的可读性与易读性，增强版面的形式美感。

（二）字体设计的创意

通过运用艺术性的表现手法，将设计者的艺术想象力和创造意识融入字体中，可赋予字体新的形态和感情，从而激发观者对画面空间的想象力，增加观者对画面情感的领会。特殊的创意表现手法多样，在大胆创新的同时，要注意抓住对字体基础知识的理解，遵循字体设计的原则，把握字体的准确性，让字体在版面中进行有针对性的表达，这样才能使对象语言得到很好的传播。

1. 将文字具象化

文字的具象化是指设计和编排抽象的文字，使其与图形相结合，最终以具象化的图形样式呈现在读者面前。文字的具象化能使人快速地理解和体会画面所要传达的信息内容，直观地给人留下深刻的印象。抓住文字和图形共同的属性和特征，把握好两者之间的关系，在版面中进行合理的编排，能使画面更加有趣和生动。《国家宝藏》是央视推出的一档大型文博探索类电视节目，精选了故宫博物院等九大国家级博物馆的数件镇馆之宝，融合综艺与纪录片的手法，来倾情讲述国宝的前世今生，解读中华文化的基因密码。节目的标识设计（图1-4-1）紧密围绕栏目的主旨，采用厚重沉稳的字体设计，字形边角处理则借鉴了古代文物造型；同时将我国商周时期鼎盛的传统饕餮纹样融入了标志，韵味十足。饕餮纹泛指兽面形象的纹饰，给人一种神秘与肃穆的感觉。标识设计中的"藏"字内部放置了一件国宝，名为青花寿山福海纹瓷香炉。整体标识设计的金属质感的表现增强了节目深厚的文化底蕴之感,展现了国宝文物所承载的中华文明之光。

图 1-4-1 国家宝藏标识设计

2. 抽象字体的使用

与具象化的文字表现让版面内容更直观的性质相反,抽象字体的应用会使版面内容丰富多变,能提升版面的艺术性,同时带来完全自由洒脱的动感,没有任何拘束,让读者在欣赏画面的同时能被画面中的艺术美感所吸引,从而感受到画面中的活力与灵动。

二、图形

(一)图形的类别

1. 东方传统图形符号

东方文明,以中国文化为核心,重点强调"天人合一""求全思想"等方面的内容,追求的主题是"形神兼备",其设计常常体现出主观因素在创作过程中的主导性,并表现出让人极为惊叹的艺术想象力。

在中国古代时期流传下来的神话和传说故事中,龙作为一种非常神异的动物而存在,是由九种动物合而为一的"九不像"形象。龙原本是原始社会时期发展形成的一种图腾崇拜标志(图1-4-2),其传说大多集中在能显能隐、能细能巨、能短能长等方面,还可以春分登天、秋分潜渊,呼风唤雨,无所不能。

图 1-4-2　中国传统龙图案

2. 西方图形符号

在西方早期的文明发展进程中，理性的思想往往占据了非常高的地位，直到文艺复兴时期，欧洲的艺术形象一直都是以摹写与客观写实为主流，因此其创造性的视觉形象往往不像东方那样俯拾即是。

在文艺复兴以前，图形主要依据需要排列于没有纵深空间关系的纯粹平面上。在文艺复兴到印象派时期的这段时间内，人们开始使用透视性规律，努力在平面中展现三维空间的形象，如达·芬奇的名画《最后的晚餐》(图 1-4-3)。

图 1-4-3　达·芬奇《最后的晚餐》

立体派艺术家主要采用块面的结构关系来对物体进行分析，表现体与面的重叠、交错之美，创造出一个相对独立于自然的艺术空间类型，主张对一个物体能从不同角度、多个视点加以观察与分析，从而构成一个全新的空间观念，这极大地开拓了现代图形思维的空间范畴。

（二）图形的发展历程

图形在发展过程中经历了三次比较重大的革命。

第一次革命主要是在原始社会时期，将符号演变成了文字。文字的出现进一步促使符号具有一定程度的规范性，并逐渐发展成为记事与识别的十分重要的手段。文字还可以促使信息在一定范围内迅速发展传播。

第二次革命主要起源于中国的造纸术及印刷术的发明。纸的发明进一步促进了文字与图形的传播和应用，印刷术的发明则促使视觉信息得以批量化地进行复制。

第三次革命主要开始于19世纪的科技与工业变革，最具有代表性的是摄影技术的不断发明及由此带来的制版方式和印刷技术的发展与革新。传播的广泛性在第三次变革中得以进一步扩展，图形在这个时期也发展成为一种真正的世界性语言。

随着电子技术的不断发展，进一步推动了图形的传播，甚至超越了时间的局限与空间的距离，传播的速度飞快，其范围甚至到达了世界的每一个角落，信息的受众甚至已经发展到每一个人。

（三）现代图形特征及设计原则

1. 现代图形的特征

优秀的现代图形通常会在风格的表现方面存在极大的不同，但是其中也有一些是共通的特征，可以将其归纳为准、奇、美三个字。

（1）准

准主要是指传达信息具有准确性的特点。现代图形通常是在挖掘相关观念的核心内涵，用一种比较恰当的形象语言进行表达，直观有力。

（2）奇

奇主要是指图形表现出来的典型创造性。好的图形一定具有强大的吸引力，而这种强大的吸引力通常是通过创造性的、与众不同的视觉形象来进一步获得的。差异化、个性化、原创性通常是一个优秀的设计作品必备的。

（3）美

美主要是指图形所表现出来的艺术性特征。图形的优势在很大程度上源于它典型的审美价值，现在除了进一步关注图形信息所具备的传达功能外，更趋向于不断追求表现层面的诗意化特征。优秀的图形作品通常会在视觉效果方面展现出特点，不管是简洁的还是繁复的，传统的还是前卫的，总体上都可以通过生动的线条、完美的色彩、恰当的构图去创造出一个比较符合形式法则的艺术形象，给受众群体带来思想情感层面的满足。

2. 现代图形的设计原则

从现代图形的基本特征中我们能够获得图形设计的基本原则，它可以分为以下三个方面。

（1）通俗性、准确性

图形属于一种具有典型艺术象征性的符号，通过形象可进一步完成信息传达的基本过程，所以设计者在创作过程中通常要站在以人为本的立场上，尊重广大受众群体，充分了解符号具有的一般社会含义。

（2）创造性

创造性通常包括两层含义：一种是创造性地挖掘图形语汇；另一种是表现手法上的不断创新。

（3）艺术化

现代图形通常是在传达信息的理性过程中进一步强调表现形式的艺术化特点。借鉴各种不同的艺术形式去表现风格，并加入中外文化的相关艺术审美情趣，可在时代感、文化性方面走得更远，并提升图形的文化艺术价值。

总体而言，现代图形的创意追求通常应是"意料之外的外在形式，情理之中的内在逻辑"。图形为我们提供了非常广阔的想象空间，在这一空间之中，能够进一步注入自己的激情与幻想、思维与技巧，使需要表达的意念能够很好地呈现给观众。

(四)图形设计的价值与意义

1. 图形具备信息传播功能

现代图形的语言形象非常简洁,很容易被人们识别和记忆,具有超时空、超地域、超文化障碍的传播动力,以及信息容量大、传播速度快、信息内容表达准确等独特优势。因此,图形在现代信息化的社会发展大环境中很难被替代。

2. 图形语言传播效率较高

语言文字是抽象的,它传递出来的信息首先需要通过眼或者耳,再传入大脑加以分析才能转换成形象,然后进行判断与想象,它属于一种非常理性的行为。而图形是极为直观的,通过眼睛可以直接进入人的大脑做出相应的判断,无须进行分析与转换,属于一种非常感性的艺术行为。

3. 图形有潜在的商业与社会价值

图形设计具有为现代社会、文化、商业经济大环境服务的基本特性。通过对图形语言的描述,可以向广大人民群众传播公众权益、文化理念、商品生产及销售等多种多样的信息。

三、色彩

(一)色彩的种类

1. 原色

色彩中不能再分解的基本色称为原色。原色能合成其他颜色,而其他颜色不能还原成本来的颜色。

原色只有三种:色光三原色为红、绿、蓝,颜料三原色为品红(明亮的玫红)、黄、青(湖蓝)。色光三原色可以合成所有色彩,同时相加得白色光。颜料三原色从理论上来讲可以调配出其他任何色彩,同色相加得黑色。因为常用的颜料中除了色素外还含有其他化学成分,所以将两种以上的颜料相调和,纯度就会受影响。调和的色种越多就越不纯,也越不鲜明。颜料三原色相加只能得到一种黑浊色,而不是纯黑色。

2. 间色

由两个原色混合得间色。间色也只有三种：色光三间色为品红、黄、青（湖蓝），有些彩色摄影书上称为"补色"，是指色环上的互补关系；颜料三间色即橙、绿、紫，也称"第二次色"。有一点必须指出的是色光三间色恰好是颜料的三原色。这种交错关系构成了色光、颜料与色彩视觉的复杂联系，也构成了色彩原理与规律的丰富内容。

3. 复色

颜料的两个间色或一种原色和其对应的间色（红与绿、黄与紫、蓝与橙）相混合得复色，亦称"第三次色"，见图1-4-4。在12色相环中，除了三原色（红、黄、蓝）之外的其他颜色都可以被视为复色。12色相环通常包括3个原色、3个二次色和6个三次色。复色比原色更加丰富多样，能够创造出更多的色彩变化；相邻的复色通常能够形成和谐的色彩搭配。

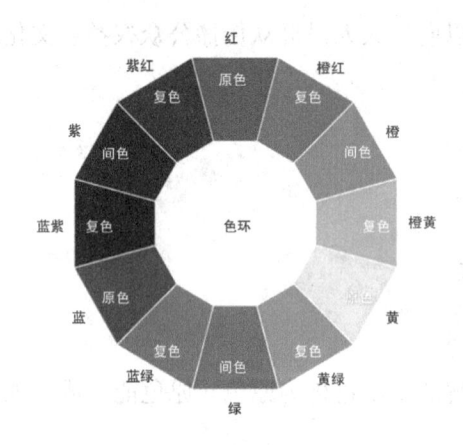

图1-4-4　12色相环

（二）色彩的构成要素

色彩是一种光的现象，物体的色彩是光照的结果。真正揭开色彩产生之谜的是英国科学家牛顿，他将透过小孔的阳光用三棱镜分解，产生了包括红、橙、黄、绿、青、蓝、紫七种颜色的光谱。

1. 色相

色相是指色彩不同的相貌。色相中以红、橙、黄、绿、紫色代表不同特征的色彩相貌。当黄色加入白色之后，会显出不同的奶黄、麦芽黄等，但它的黄色性质不变，依然保持黄色的色相。

色相是色彩最重要的特征之一，它是由色彩的物理性能决定的。由于光的波长不同，特定波长的色光就会显示出特定的色彩感觉。在三棱镜的折射下，色彩的这种特性会以一种有序排列的方式体现出来，人们根据其中的规律制定了色彩体系。

色相的数量并不是一个确定的数，从三棱镜中分出来的是七色：红、橙、黄、绿、青、蓝、紫，但每两种颜色之间并无明显的分界，而是一个渐变的过程。所以，不同的研究会呈现出不同的划分方法，色相就出现了8种、20种、24种，甚至100种等。它们是根据光的波长顺序排列的，表示的方法就是"色相环"。每一种色相都有一个明确的称号，但通常用"深""浅"来表示，这样是无法将成千上万种色彩区分出来的。因此，色彩的研究者为了能科学地区分色彩，运用了各种标示方法。

最初的基本色相为红、橙、黄、绿、蓝、紫（图1-4-5）。在各色中间插入一个中间色，其头尾色相按光谱顺序为：红、橙红、橙、黄橙、黄、黄绿、绿、绿蓝、蓝、蓝紫、紫。基本色相间取中间色，即得12色相环，再进一步便是24色相环。在色相环的圆圈里，各色相按不同角度排列，12色相环每一色相间距为30°，24色相环每一色相间距为15°。在国外的颜料上都有色相的明确标识，如10PB，指的就是带紫的蓝中第10色。另外，某一种色相和黑、白、灰调和，无论产生多

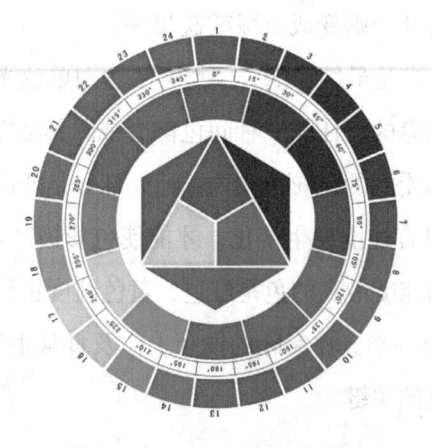

图1-4-5 6、12与24色相环

少种明度、纯度变化，它们都属于同一种色相。在设计中，设计师要想在一个色系中找到合适的色相需要仔细斟酌一番，甚至在直觉性选择之外不得不借助理性分析，才能做出决定。比如，红色在设计中的使用，朱红、大红、深红等各种红色之间存在相当大的差别。

2. 明度

色彩的明度指的是色彩的明暗程度，也称光度、深浅度。一个色彩加入白色越多，明度越高；加入黑色越多，明度就越低。

在无彩色中，明度最高的是白色，明度最低的是黑色。从白色到黑色中间出现的一系列明度不等的灰色，从亮灰色到暗灰色，我们把这一系列的明暗变化称为明度系列，对于光源色来说也称光度、亮度等。在有彩色中也有明暗的差别。最亮的是黄色，最暗的是紫黑色，其他色彩居中。

为了能更有效地使用色彩，我们应该知道每种颜色的标准明度。这种标准明暗在色轮上看得很清楚，色轮上的颜色按照中性明度的水平从黑到白依次排列。

3. 纯度

色彩的纯度又称饱和度，它是指色彩的鲜艳度和纯净度。纯度的高低决定了色彩包含标准色成分的多少。在自然界，人类视觉能辨认出的有色相感的色，都具有一定程度的鲜艳度。然而，不同的光色、空气、距离等因素，都会影响色彩的纯度。比如，近的物体色彩纯度高，远的物体色彩纯度低；近处树木的叶子色彩是鲜艳的绿，而远处叶子则变成灰绿或蓝灰等。

在色光中，各单色光是最纯净的，颜料无法达到单色光的纯净度；在颜料中，色相环上的色彩是最纯净的，任何一种间色都会减弱其纯净度。

在人的视觉所能感受到的色彩范围内，绝大部分是非高纯度的色，也就是说，大部分是含灰的色，只有纯度发生变化，才能使色彩极其丰富。不同的色相明度不等，纯度也不等，如纯度最高的色是红色，黄色纯度也较高，但绿色就不同了，它的纯度几乎是红色的一半。在实际的设计工作及日常生活中，对色彩纯度的选择往往是决定一种颜色的关键。

四、编排

(一)视觉流程与编排空间构成

1. 人的视觉流程

视觉流程是指视线作用于画面空间的过程。人们在阅读版面时,一般是由左到右、由上到下、由左上沿着弧线向右下方移动。所以,编排视觉流程是一种视觉的"空间运动",视线随着版面的各视觉要素在空间上沿着一定的轨迹进行运动,从而形成了一定的视觉习惯。

有心理学家在研究版面规律时指出,版面在一定尺度的空间范围内,不同的部分有着不同的视觉吸引力和功能。上半部的视觉诉求力强于下半部,版面左侧的视觉诉求力强于右侧。版面设计不同的视域、不同的重心、不同的导向会产生不同的心理感受,如上半部给人轻松、漂浮、自在、积极向上之感,下半部给人稳重、消沉、低迷、压抑之感;左侧给人轻松、自如舒展感,右侧给人束缚、紧张、局促感。

设计画面与视觉元素都是静止的,而观者的视线是流动的,设计者应利用各种元素间的差异,做出有序的配置。有计划地调整视觉元素之间的综合关系,使画面获得自然严谨的视觉秩序,对信息传达次序亦能起到引领作用。设计师还必须了解人类生理和心理的视觉规律,明确人们的"最佳视域""最佳焦点"和普遍的"视觉流程",这样才能设计出好的版面。编排设计应结合主题,按信息传达的具体目的来编制视觉流程,这也是版式设计的基本要求。

从种类上划分,视觉流程基本上可分为重心诱导、位置关系、导向式、形象关系、散点式五种;若从视觉顺序的角度划分,又可分为反复式与单向式两种。

(1) 重心诱导视觉流程

重心诱导视觉流程适用于信息传达主次划分不是十分明确的主题。版式设计中的元素编排,往往将观者的视线开端含蓄地安排在版面的重心位置,这种组织方法需要在版面中配置一个在动势与方向上与重心点相反的形态,从而使画面整体获得足够的视觉张力。只有这个因素存在,重心位置才会被引导和强调出来。

（2）位置关系视觉流程

位置关系视觉流程适用于追求单纯感的设计，它是编排设计的常规技巧，清晰且有条理，在视觉浏览方向上强调秩序性，如上下、左右或对角关系的顺序关照。它往往利用人的自然视线过程来组织画面，引导视线逐点向既定方向前进。

（3）导向式视觉流程

由潜在（虚示）或显在（明指）骨骼引导的视觉流程，转化为视觉元素间的组合关系主要有两种：以连接的形态引导出视觉主体和以分离但相互呼应的形态（动作、姿势或眼神）引导出视觉主体。

（4）形象关系视觉流程

形象关系视觉流程所使用的形式手段，是利用形象吸引力来分清主次秩序。在对视觉元素的布局安排上，主要以点、面的对比关系衬托视觉主体，面通常是背景，是画面的底层，点则是画面的视觉主体，处于前层。面与点的存在关系具有两方面的价值。一方面，以形式的手段来加强视觉主体，从而达到更为有效的信息传递目的，面与点之间往往存在明度、色彩、大小、虚实的对比关系，并以此将点衬托出来。另一方面，从设计创意的角度看，面是设计所营造的整体情境，是氛围的载体，而处于其中的点则被这个面烘托和包裹，从而使主题印象得以深化，形成一个更加有力的信息传达整体。

（5）散点式视觉流程

散点式视觉流程应用于视觉元素多样且需要同时展示的设计中，如将产品做成全景式的商品广告，散点式构图可以营造出丰富充实的品牌印象，从而增强人们的购买欲望。

（6）反复式视觉流程

反复式视觉流程是将视觉元素较为平均地散布，或是将其导入一个视觉循环系统，在视线游走的过程中，对设计元素进行反复关照。这类视觉样式多被应用于需要将视觉元素并列展示的设计（如散点式视觉流程），或是画面具有强劲动势及视觉张力的设计中（如重心诱导视觉流程）。

（7）单向式视觉流程

单向式视觉流程是指版式设计中的强势诱导因素占据主动态势，逐步推出视觉主体的设计手法。比如，位置关系、形象关系及导向式的视觉流程，都是按照既定顺序将视觉传达的主体突显出来，视线的流动过程也以单向秩序为主。

2.编排空间构成

编排设计的版面通过空间分隔可将各种信息按照功能、逻辑有序地进行组合和分列。对版面空间构成的把握主要反映在理性化的分隔、感性化的分隔及虚实空间三个方面。

（1）理性化的分隔

理性化的分隔最常见的表现为网格设计。网格设计又称网格系统，是目前国际上普遍使用的一种编排构成方式。它是在版面上确定好比例的格子中分配文字和图片，重视版面的连续性、清晰度，给人以整体、严谨的秩序感。这种方式广泛应用于各种书籍、杂志和样本设计中。

（2）感性化的分隔

感性化的分隔打破了网格设计严谨的分隔方式，是按照设计者的感受来界定版面区域的编排构成方式。版面空间中信息的主次顺序、形象之间的平衡关系主要通过直觉来处理，并通过自由的编排方式来表现设计者的创意。

（3）虚实空间

虚空间是针对占据版面形体的实空间而言的，这个空间因表现形体之外或形体之后的背景而往往被人忽略。然而，虚空间与实空间具有同等重要的意义。若没有虚空间的衬托，人的视觉就无法集中。留白是虚空间的特殊表现手法，如果把空白当作实体，把文字和图当作空白，就会发现空白的形状和衔接方式、大小、比例、方向等决定着版面的设计质量和深度。可见，编排设计中虚实空间的处理，是为了更好地烘托主题、渲染气氛。虚实处理得当，会使主题鲜明突出，给观者留下联想的空间。

留白以其白色空间的单纯及感染力提升了整体画面的审美意境、人文气息，留白较之于满版的设计编排更加具有人文气息，有利于使画面产生有序、沉静、沁人心脾的澄澈之美。

(二)编排的形式

1. 标准型

标准型图在版面上端,其次是标题,然后是广告文和商标字体,它是基本、简单的,更容易引起人们的注意,从而激发阅读兴趣。

2. 对称型

在编排的形式中,对称型较为常见,一般以追求完整、匀称、严肃、庄重、大方为美学准则。

3. 图片左、右置型

这种设计一般采用图形左(右)放置,留出空间给中英文字体,字体采用对比的手法。这种手法视觉流程清晰,便于阅读。

4. 重复型

视觉元素与信息元素多次重复出现,以吸引消费者的注意力,有使整个画面统一的功效,在书籍、简介、说明书的版面设计中应用较多。

5. 自由型

自由型主要指设计不拘泥于形式,编排活泼。如报纸版面、连环画或杂志读物、路牌广告等常采用这种方法。

6. 中轴型

标题、广告文、图片与商标字体交互放在轴线的两侧,这类编排形式具有良好的平衡感,未必一定用线条来表示,也可利用中间的空隙作为此类编排形式的轴心。

7. 四点型

在布图时均有一个单元与画面的四边接触,一个单元碰到另一个单元边,而其他的各边由其他单元接触,画面生动、醒目。

8. 文字型

文字型,顾名思义就是以字体为主的编排形式。

9. 上下横跨型

标题或图片开始向下延伸,广告文、字体或其他单元横跨右边缘,上下横跨型既稳健又易引起读者的兴趣。

10. 字图型

图形排列成字体，并将设计物的各单元排列成字体形式。

11. 指示型

指示型是指图形或者图表指向广告内容。

（三）骨骼

构图第一步通常是分割画面。分割画面往往是为了更合理地安排各视觉要素在画面中的位置，前文中所讲的对称型可以看作是等形分割，平衡则属于自由分割。

在很多设计中都存在"骨骼"，骨骼所管辖的是设计中的形象位置，还支配着整个设计秩序。

1. 规律性骨骼

规律性骨骼通常是由比较精密的数学方式构成的，如重复、渐变、发射等。规律性骨骼把空间分成相同或者相互关联的若干个空间单位，使形象编排出现了非常强烈的秩序；也可以合并某些骨骼单位，使之产生大小完全不同的变化形式，因为比例关系的存在，设计过程中仍然存在十分严谨的规律之美。例如，报纸的排版，先划分出几个基本栏，在编排的过程中，有时是通栏的，有时则是把基本栏划分成更小的单位。

比较常见的规律性骨骼主要包括重复、渐变、发射等。

（1）重复

重复是指相同的形象连续地、有规律地反复排列出现。重复的形象在视觉上反映为整齐一律、单纯统一，能使人产生深刻的印象，但是一直重复具有极强的规律性形象，如果在设计中处理不当就会产生呆板乏味的机械感。

（2）渐变

渐变也称渐移，它是以相近的基本形或骨骼渐次地、循序渐进地逐步变化，使构成的变化符合逻辑，进而呈现出一种有阶段性的、调和的秩序。

在设计中，渐变也是重复构成的一种特殊形式，它的美不仅体现在形态的渐次变化上，还能让人感受到空间、时间、距离、数理等意义。

①基本形的渐变

基本形的渐变是指基本形按照一定的规律，使其在形状、方向、大小、位置、色彩等方面发生渐次变化。

第一，形状渐变：由一个形象逐渐变化为另一个形象的渐变称为形状渐变。形状渐变是渐变中形象变化最大的，可以由简单到复杂、由具象到抽象、由完整到残缺、由此形到彼形等。

第二，方向渐变：改变基本形方向、角度的序列，会使画面产生起伏变化，增强立体感和空间感。

第三，大小渐变：指基本形的面积始终由大到小或由小到大渐次排列，给人以较强的空间感和运动感。

第四，位置渐变：基本形在构成骨骼中的位置发生变化，使基本形在变化中不够完整，并由此产生运动的视觉效果，表现出强烈的节奏感、韵律感。

第五，色彩渐变：同一基本形在色相、明度或纯度上产生变化，进行渐变推移，构成一定程度的轻重变化的视觉效果，增强构成形式的感染力。

②骨骼渐变

骨骼渐变是指骨骼单位的间距、形状、大小按一定比例发生渐变，骨骼的变化不是重复形式，而是有规律地在宽窄、方向、疏密等形式上渐次变化，从而使基本形依次而变。

第一，单元渐变：只有一组骨骼线做逐渐加宽或缩窄的渐变，其他组骨骼线重复排列。

第二，等级渐变：将骨骼做竖向或横向整齐错位移动，产生一种梯形变化。

第三，双元渐变：两组骨骼线同时渐变。

第四，折线渐变：将竖的或横的骨骼线弯曲或弯折。

第五，联合渐变：将骨骼渐变的几种形式互相合并使用，构成比较复杂的骨骼单位。

③自由形渐变

自由形渐变，即基本形和骨骼依照一定规则发生渐变来构成多种多样的形式，此类型的渐变形式在立意、构思上颇具挑战性，充分考虑了基本形和骨骼变化。例如，当骨骼渐变时，基本形的变化要简洁，符合骨骼渐变的要求，反之亦然。自由形渐变的构成形式有利于突出设计个性，从而赋予构成设计极大的空间。

（3）发射

发射构成是指在重复、渐变构成的基础上，基本形、骨骼绕着明确的中心向外扩散或向内聚集的构成。

发射是规律性骨骼中非常严谨的、渐变的一种特殊形式，发射是由有秩序性的方向变动形成的。近发射中心的部分空间形比较窄，远发射中心部分则宽绰，从而形成了较强烈的视觉吸引力，易表达出较强的节奏感和动感。

①离心式发射

它是指发射点一般在画面的中心，基本形由中心向外扩散的构成形式。它有向外运动之感，是运用较多的一种发射形式。离心式发射有直线发射和曲线发射等不同的表现形式。直线发射就是从发射中心以直线向外放射扩散的构成形式，其包括单纯性构成和复合式构成。直线发射构成的形象可以使人感到射线强而有力，有如闪电式的效果。曲线发射由于发射线方向的渐次变化，其线的变化会使人感到柔和、变化多样，有一种旋转运动的效果。

②向心式发射

它是与离心式发射方向相反的发射骨骼，其发射点在外部，是从周围向中心发射的一种构成形式。

③多心式发射

它是指基本形以多个中心为发射点，形成丰富的发射集团。它往往有一个主要发射点，辅以其他次要发射点，主发射中心依靠发射骨骼线同其他次要的发射点相连接，构成紧密的联系，从而使画面产生强烈的动感，构成极强的空间视觉效果。

④同心式发射

这种构成形式是指以某个发射点为中心，发射骨骼线呈封闭的环状。

⑤移心式发射

这种构成形式是多心式发射构成的特殊形式。它的发射点根据图形的需要，按照一定的动势有序地渐次移动位置，形成有规则的变化。它能表现出较强的空间感并产生曲面的效果。

⑥螺旋式发射

它是指以螺旋式的发射骨骼和与之相适应的基本形所构成的发射形式，旋转的基本形逐渐扩大，从而产生视觉的运动和变化，其构成形式生动、活泼。

（4）近似

近似是指形象之间不是完全一样的，而是在某些因素上有共同的特征，因此表现出统一且生动的效果。近似的程度有很大的灵活性，相同的因素越多，效果就越统一，反之产生的对比效果就越强。将近似与重复相比较，重复容易使画面产生统一感，而近似可以在统一中求变化。生活中这样的规律很常见，海滩上的石子大多相似，但不可能绝对相同。

近似构成手法比较灵活、多变，富有较强的趣味性，它不像重复构成那样机械、严谨，而是更加生动活泼。近似构成要注意求大同、存小异，使大部分因素相同，小部分相异，方能取得既统一又富于变化的观感。

①骨骼近似构成

骨骼近似构成即单元骨骼发生变化后，基本形随骨骼的变化做相应的调整而构成的新形式。让骨骼单位的大小和形状发生一定的改变，可以使重复稳定的基本形显得活泼而富有变化。

②形状近似构成

形状近似构成即单元骨骼不发生变化，而是以一个基本形为原始依据，并在此基础上对其进行大小、色彩、方向、角度、肌理或相加、相减的图形的近似变化，从而形成形状近似的效果。

形状的变化要把握一定的限度，变化较小会与重复构成相同，变化太大则无近似美感，会产生杂乱、不完整的视觉效果。

近似在设计中的应用比重复要常见，其具有重复的统一感，局部又有其变化，容易产生协调又富于变化的视觉整体形象。

有时以上几种形式是放在一起使用的。例如，在重复的骨骼中放上一些渐变的形状，或者将同心发射和离心发射放在一起使用等。

半规律性骨骼通常是在规律性骨骼基础上稍作轻微不规则的变化。有时其形态或者色彩的形成发生突变，会造成非常强烈的对比，有时则三五成群，斑斑点点，画面活泼有趣。

2. 非规律性骨骼

非规律性骨骼通常没有骨骼线，形象的编排大都十分自由，如均衡、各种形式的密集等。所有骨骼都可以是有作用性的或无作用性的。

（1）无作用性的骨骼

无作用性的骨骼通常属于纯粹概念意义上的骨骼线，这些骨骼线能够很好地引导形象的编排，不会影响它们的形状，同时也不会把空间分割成不同的互相独立的空间单位。

（2）有作用性的骨骼

有作用性的骨骼除了具有无作用性骨骼的作用，还能够通过色彩或者图形的变化让相邻的骨骼单位形成完全不同的空间，如正负颠倒或者色彩的变化等。

（四）美学表达

1. 对称与均衡

（1）对称

对称是人类最熟悉的表现形式之一，无论是大自然中本来就存在的动物、植物叶子，还是人类创造出来的建筑、器皿等，在很大程度上都是对称的。

以中国古代的建筑造型为例，那些非常壮丽的宫殿、恢宏的庙宇，几乎都严格地遵循了对称的基本规律。古希腊、古罗马时期的建筑，同样也是以对称为主。对称这一形式所透露出来的是一种十分威严的气势，其庄重的氛围、严谨的风格是其他任何形式都不能比拟的。

在平面设计中，对称会用在一些大型的活动主题或者相对比较重要的场合中，如报纸中比较严肃的新闻编排设计，书籍装帧中字典、辞海等一些常见工具书的设计。

对称的图形通常具有统一、大方、协调、安定的静态美感，但是也会有相对单调、呆板的缺点，因此适度的变化是很有必要的。在设计过程中常常使中心适度偏移或者让对称双方在形状、色彩、大小等方面稍加变动,以使形成一种既端庄大方又富有变化的构图——相对对称。

在视觉传达设计过程中,更多采用的是"相对对称"的形式。

"相对对称"允许出现更多的变化,在视觉元素中出现的形状、大小、色彩、肌理等,关系元素中出现的位置、方向、重心等都能够做适当的变化。等形不等量、等形不等色、等色不等形,或者位置、方向、重心稍作偏移等,都能够很好地获得完美的"相对对称"的构图。这种感觉上的"对称"不同于"实质性对称",其不仅具有稳重大方的特征,还富有变化,因此成为广告、报纸、书籍封面设计中最常用的一种形式。

(2)均衡

均衡是在严谨的风格中求得突破与变化,更加符合人们追求进步和更新、灵活和进取的现代审美观点,中国的所有建筑、产品造型、雕塑等都要达到物理意义上的均衡,否则就无法形成建筑体系。而在平面造型的艺术设计过程中,都属于一种心理层面的均衡,即幻觉层面的均衡。

均衡往往需要综合考虑其整体性、综合性才能得到,这种均衡的能力往往是一个设计师必须具备的基本素质。在基础训练过程中,进行大量练习(主要包括素描、彩画、速写等)对培养均衡能力是十分必要的。经反复练习后,可以在极短的时间内发现画面存在的问题,进而把它调整好。

2. 节奏与韵律

视觉节奏指的是设计元素的重复和变化所产生的视觉流动感。它是通过有规律地安排视觉元素来创造的,可以是规则的,也可以是不规则的。

节奏可以引导观者的目光沿着特定的路径移动,从而控制信息的接收顺序。良好的视觉节奏可以给静态的设计注入动态感,使画面更加生动。节奏有助于组织和结构化信息,使复杂的设计更易于理解。通过打破既定的节奏,设计师可以突出强调某些关键元素。和谐的视觉节奏能够带来愉悦的视觉体验,增强设计的整体美感。

视觉韵律是指设计元素的排列方式所产生的视觉流动和节奏感。它与节奏相似,但更强调元素之间的和谐关系和整体感。

视觉韵律能够在不同的设计元素之间建立联系，创造出和谐统一的整体效果。有韵律感的设计更容易被记住，有助于提高品牌识别度。不同的视觉韵律可以唤起不同的情感反应，帮助传达特定的情感或氛围。在文字排版中，适当的韵律可以提高文本的可读性和易读性。韵律有助于平衡画面中不同元素的视觉重量，创造出稳定而动态的效果。

节奏和韵律常常相互配合，共同创造出富有动感和和谐的视觉效果。节奏更强调元素的重复和变化，而韵律则更注重整体的和谐统一。在平面设计、网页设计、建筑设计等各个视觉传达领域都能找到节奏和韵律的应用。根据不同的设计目标和受众，可以选择使用不同类型的节奏和韵律。不同文化背景的受众可能对节奏和韵律有不同的理解和偏好，设计时需要考虑文化因素。

3. 对比与统一

对比可以很好地提高设计的冲击力与注目度。在运用对比的过程中，一定要充分注意画面中的某些因素是否具有统一其他诸多因素的作用，以便减少各种因素之间存在的不必要的竞争关系。通常而言，统一的表现形式主要有两种：一种主要是以多数驾驭少数而达成的统一；另一种主要是以一种特点来引人注目，从而产生可以控制整个画面的重要作用，并且具有典型的统一感。这两种方法往往并不一定可以相互消解，有时也可能是相辅相成的。在设计过程中，始终以整体的视野进行观察，寻找造型的同类要素，并且有序地加以组织，以便获得一种统一的观感。在平面设计过程中，我们不仅需要运用对比来激发作品的生命活力，还需要运用适宜的统一让作品获得和谐的照应。因此，绝对的对比始终都会把统一当作求得和谐过程的一个十分重要的支柱和前提。

在设计构成中存在的各要素，如形态、色彩、质地、空间等，相互之间的关系都非常协调时，我们就能充分感受到作品的高度统一性。对设计而言，各种美感要素之间需要遵循的统一原理是非常多的。统一属于一种富有秩序的安排，也属于设计对整体美感进行把握的重要方法与意图。

统一原理基本上是同和谐紧密相关的。在设计表现过程中充分强调统一的相对性往往存在极为重要的美学意义，正如古希腊哲学家赫拉克利特所说："自然是由联合对立物造成最初的和谐，而不是由联合同类的东西。艺术同样也是这样造成和谐的。"[1] 由此可知，统一通常会导致和谐，但是和谐则需要产生差异的对立。平面设计过程中的统一原理往往是以一种相对立的原理作为其基本前提，进一步去追求作品的统一，实际上这也是追求对比之中的和谐关系。

4. 色彩与肌理

（1）色彩

①色彩表现

色彩属于视觉传达设计过程中一个十分重要的因素，色相、明度、纯度往往是人们认识它的极为重要的三个尺度，而对比则属于色彩美学中的核心要素。在视觉传达设计过程之中，所有的色彩都必须在一个较为统一的整体中相配，才可以进一步形成一种既对立又相对比较和谐的色彩体系，这样的色彩魅力只有通过对比才能真正地显现出来。换言之，和谐实际上是以对比为主要尺度，而对比往往也以和谐为限度。由此可知，视觉传达过程中的配色规律，实际上也会相应地遵循这种法则。

一则广告，或是比较倾向于温暖，或是比较倾向于明朗活泼等，这些色彩倾向的形成都是由于不同的色彩给人们带来的不同印象，从而产生总体的印象。如果可以做好总体的色彩运用，对于广告主题具有极大的烘托作用，能让消费者更容易接受。在设计过程中，我们首先需要考虑的就是产品内容与消费者对不同色彩的喜恶，以此来决定色彩的总体配置情况。如少儿产品，选用的色彩对比度应比较大，同时色彩的纯度要高；对于老年人产品，其色彩选择应该是造型比较稳重，色调相对柔和。

虽然视觉传达设计大多是多色的组合，但是想要达到整体效果，就必须有一种颜色作为主色，否则就会显得比较婚乱，也会降低视觉的冲击力。当然，创造出一个比较理想的色彩效果，其关键就在于对色彩选择和配置方面的运用。

主体和背景之间的关系其实是既矛盾又统一的。在画面中，不仅要有商品主体的形象，还要有衬托作用的背景设计。在色彩关系的处理过程中，对比手法是比较常用的。

---

[1] 北京大学哲学系美学教研室. 西方美学家论美和美感[M]. 北京：商务印书馆，1980：78.

②色彩平衡

色彩通常具有浓淡、强弱、轻重等多种视觉感，这对于色彩面积的大小会起到十分重要的决定性作用。位置的高低往往可以取得视觉层面上的相互平衡。一般来看，在暖色、彩度相对比较高的颜色和冷色、浊色形成一种典型的对比关系时，面积越小，就会越容易获得一种视觉层面的平衡。

③色彩的亮点

色彩的亮点通常是为了进一步强调其中的某个部分，它可以更加突出画面的重点部分，发挥色彩的视觉冲击作用。亮点一般采用一种相对较小的面积。

④色彩感情规律

色彩通常可以表现出人的感情，这在现代社会已经是一个不争的事实了。不可否认的一点是，色彩的情感表现在很大程度上是依靠人的联想来进一步获得的。色彩的象征其实就是色彩联想和情感深层作用形成的结果，如红色主要代表热情、火焰，而绿色往往代表和平、健康等。虽然上述色彩代表的是不同的象征，但代表具有普遍性，同时还处于一种持续不断的变化之中。只有充分利用色彩的象征，才能充分发挥出其比较重要的作用。

（2）肌理

肌理是设计中的视觉元素之一。本书讨论的很多问题也常提及这个视觉元素，它在设计中具有十分重要的意义。

任何形象的表面，都有其特征，它可能是光滑的、粗糙的，纹理朴素的或具有装饰性的。有些凭视觉可看见的，称为视觉肌理；可从触觉感应的，称为触觉肌理。

①肌理的种类

在视觉传达领域，有越来越多的肌理表现手法获得了很好的应用。从总体来看，它可以分为两大类型，既视觉肌理与触觉肌理。

A. 视觉肌理

视觉肌理通常指不需要用手触摸，也无须使用身体的其他部位接触，只需要使用视觉观察就可以很好地感觉到的肌理形式。一般来看，不同的肌理会有不同的线条组织来进行表达。因此，可以依据想要表现的物品具有的不同肌理、质感等，有针对性地选择各种完全不同的表现工具、材料和表现方法。

B. 触觉肌理

触觉肌理是指既能够用眼睛观察，还能够用手触摸。其设计的效果大体上相当于立体设计过程中的浅浮雕（图1-4-6）。不管采用哪种设计，表面上的物质都可以很好地制作出一种带有触觉肌理的视觉效果。

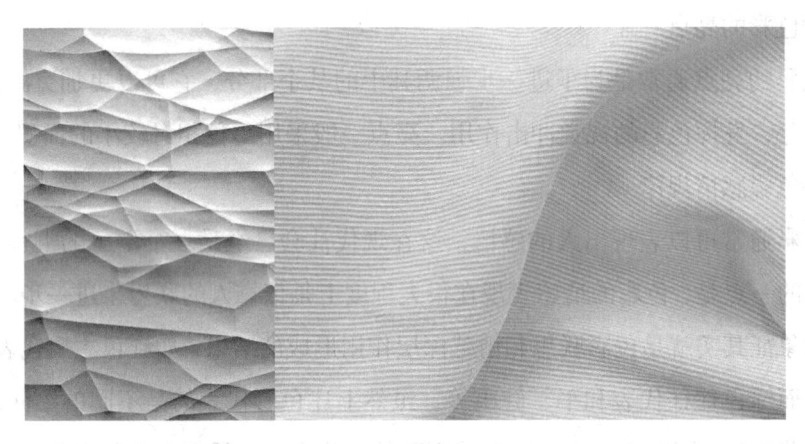

图 1-4-6　不同触觉肌理的面料

②肌理的产生

A. 物质结构与肌理

物质的内部构造和组织构成了物质的表面肌理，物质内在的属性及客观性同样也进一步决定了物质肌理的不同形态。物质的组织和结构，经历了从无机到有机、由简单到复杂、由单一细胞到多种复杂物种变化的发展过程，这些组织和构造的变化结果同样也能够直接体现于物质表面的肌理上。生物界的肌理同样也是其组织在形态层面的一次直接反映，生物的细胞组织及基因和遗传创造出了肌理的形态。在自然界中，肌理同时还是自然选择与优胜劣汰的直接结果。植物肌理的产生也有其自身的生存方式，如花与叶子上同样布满曲线茎脉，这是为了吸收养料形成的。地质面貌的肌理是由于气候条件的影响造成的，如热带雨林由于温暖潮湿，土壤和植被变得十分丰富，呈现出来的是一种繁复细密的肌理；而沙漠由于气候比较炎热干燥，土壤非常稀少，没有办法储藏住水分，呈现出的是一种十分苍凉的肌理。

B. 外力的作用与肌理

物体在遭受外力作用的前提下，也能够呈现出各种完全不同的肌理形式，其中主要包括由自然力所形成的肌理，物理与化学变化所形成的肌理，人为创造出来的肌理等形式。物体在遭受外界自然力作用（如风、雨、阳光等）的过程中，会出现形态方面的变化，进而导致肌理发生显著变化。物理与化学的作用同样也可以导致物体出现肌理上的变化，不但自然界中的物体能够通过物理或者化学变化作用形成各种各样的肌理，在人工材料的处理上同样也能够出现由于物理或者化学的变化而形成的各种各样的肌理形式。人为的作用通常是指人直接或者通过使用各种工具产生的各种肌理上的变化。

③肌理的拼合

将多个视觉纹理拼合在一起，属于拼贴的一种基本手法。拼贴是可直接求得视觉肌理的一种方法，任何平面物料或现成意象都可以拼贴在同一表面上，构成新的意象，这种手法叫集拼。

覆叠性的集拼往往是把不透明的意象叠合为一体，但是当意象在透明空间中进行层叠的时候，就可能会产生一种比较复杂的视觉效果。

第五节　文化创意产品设计原则与方法

一、文化创意产品的设计原则

（一）以市场为导向的原则

市场导向原则强调以市场需求为出发点，不是有什么想法就开发什么产品，而是要与市场相结合，开发出市场所需要的产品。当然，在设计文化创意产品时，设计师应该辩证看待市场导向和文化内涵，设计出兼具文化内涵和符合市场导向的文化创意产品。

20世纪50年代以来，在西方发达国家随着买方市场的出现，产生了现代经营思想。经过数十年来的更新迭代，该理念已成为当代市场营销学的主线。该理念认为，消费者需要什么产品，企业就生产什么产品，销售什么产品。在这种理念的指导下，企业的出发点并不是以现有产品去吸引消费者，而是从市场需求出发，规划产品的生产和销售环节。企业的主要目标不是单纯地追求销售量的短期增长，而是把眼光放在占有市场份额上。在这种理念的指导下，目前企业十分重视市场调研工作，每个企业都试图在不断发展与变化的市场中寻求未被发现和填满的空白地带，之后再研发新的产品，通过制定价格策略、渠道策略、销售策略占领市场空白地带来满足市场和消费者的需求。企业就是通过这种方式占领市场销售份额的，以实现长期盈利的目标。

在市场经济体制的调节下，文化创意产品需求和文化创意产品供给是通过市场这一环节联系起来的。市场对文化创意产品的需求和文化创意产品对市场的供给是在一个体系中的，这两者之间的关系既是矛盾的又是统一的，正是这种关系促进了文化创意产业的发展，成为文化创意活动发展的动力，也就是说供需关系是促进供需之间的经济联系、发展、变化的重要因素，也是经济活动的主要内容。要想平衡供需之间的关系、缓和供需之间的矛盾就需要通过市场运作来协调。文化创意产品整体的结构平衡就是供需结构的平衡，要想使文化创意产业得到良好、平稳的发展，就需要保证文化创意产品结构的平衡。

文化创意市场瞬息万变，其中消费者的需求在变，竞争对手的策略也在发生变化，与文化创意产业相关的制度与法律也在随之完善，这说明与文化创意产业相关的企业也在不断发展。一个文化创意企业是否能够在市场中生存并发展下去的关键取决于该企业是否能够适应文化创意市场发展需求的多变。所以，文化创意企业的发展导向必定是市场，企业需要具备及时调整自身、合理调配资源的能力，要善于发挥自身的长处，跟进市场的变化及时进行营销活动，制定出适合自身发展的市场营销战略。市场营销战略关系到今后相当长一段时间内文化创意企业的发展目标，是文化创意企业市场营销计划的重要依据。因此，市场营销战略的正确与否，对文化创意企业的兴衰成败而言具有举足轻重的作用。若一个文化创意企业的市场营销战略有误，无论文化创意的具体行动方案多么细致、多么全面，销售队伍多么强大，也会在激烈的市场竞争中迷失方向，对企业的生存和发展构成威胁，甚至被竞争对手击败。所以，文化创意产品品类的设计也应根据市场需求进行调整。

（二）突出差异化创新的原则

差异化设计实际上就是一种设计创新，设计师要想让自己的作品具备差异化特征，就必须从多个角度展开分析、加强判断、深入思考。运用目标市场定位策略分析客观存在的不同消费者群体，并根据不同产品和消费者的特点，采取不同的设计创新方式。通过市场调研分析，依据消费者划分不同群体，从而对产品品类进行细分定位，这是产品创新的重要方法。根据市场需求的多样性和消费者行为的差异性，可把整体市场即全部消费者和潜在消费者划分为若干具有某种相似特征的消费者群体，以便选择和确定设计策略或方法。定位分类方法可从以下几个方面进行。

1. 地域创新

地域文化扎根于特定的地域生活环境之中，有着长久的积累和深厚的精神基础，根据不同地域环境的变化情况，结合设计方法将地域特色文化融入产品设计之中，可使产品具有地域性特征。文化创意产品设计凝结了各地的地域文化，在文化传播和产品设计中保持地域文化特色，是实现文化创意产品差异化创新的方向之一。

2. 产品品类创新

这指的是设计出不同质量、不同风格、不同规格的同类产品，以此来满足不同的消费者需求。企业在设计文化创意产品的时候不仅要做到创新，还要注重产品的品牌化、系列化导向，设计统一的产品形象，进行有针对性的主题设计。

3. 消费群体差异化创新

这指的是企业在了解不同消费者的消费需求和心理需求之后，对产品进行差异化设计，实施差异化模式。企业经过调查和统计之后能够对消费者群体进行划分，对产品的开发设计进行调整，最终实现产品的多样化和个性化。

4. 消费手段差异化创新

这指的是对营销手段进行差异化设计，不停变化营销方式，将产品的创新点和优势通过差异化的营销方式展现给消费者，刺激消费者的购买欲望。这种营销手段能够让消费者进行差异化消费，给予消费者特有的消费回报，并在市场竞争中取得优势。

（三）兼顾美观与实用的原则

随着社会的发展，现代人对审美的品位和对美的需求呈现出了多元化的趋势，这就导致了产品不仅要有功能性，还要有美观性。人们总是觉得设计较为美观的产品会比设计普通的产品更加实用，无论实际上是不是这样，这种美观的实用性作用已经在多个实验项目中被发现，并且对产品的外观设计以及功能设计等方面都产生了很大的影响。

一个产品拥有美观的设计会让其看起来更加具有实用性，但是更加实用却缺少美观设计的产品往往会受到消费者的冷落，这引起了关于产品实用性问题的争议。这些观念在美学设计上和在美学设计方法的使用上都产生了很大的影响。

一个美观的产品不仅要让消费者的审美需求得到满足，还要让消费者产生"美观的产品更加实用"的感受。所以，企业在设计文化创意产品时，就需要基于消费者的感受，对消费者的心理喜好进行细致调查，归纳出消费者的美学需求，再与文化进行结合，设计出既符合消费者审美，又符合当下市场需求的产品。目前市场上有很多文化创意产品的设计仅仅达到了美观的标准，而忽略了产品的实用性，这种产品使消费者对部分文化创意产品产生了"中看不中用"的看法。也有一些文化创意产品在保证其实用性的基础上采用与品牌合作设计联名款的方式来提升消费者对文化创意产品的信赖程度。例如，某品牌的生产商与某著名珠宝设计师合作，推出了一款带有浓郁中国风的梳妆礼盒。这款文化创意产品所具有的精致的中国风受到了消费者的广泛追捧。

（四）坚持绿色环保的原则

美国著名的设计理论学者维克多·帕帕奈克于20世纪60年代出版过一部名为《为真实的世界设计》的著作，该著作一经面世便引起了很大的讨论热潮。该著作指出了设计师在社会中具备的社会价值和伦理价值。20世纪80年代，在全世界范围内出现了一种国际性的设计观念，此时的人们已经意识到地球的生态环境正在失去平衡，人类过度开发破坏了自然环境，从这时开始，设计师开始意识到环境保护和可持续发展的问题。

从产品设计的角度来看，设计师在设计之初就需要考虑生态平衡问题，在设计过程中，每一个设计决定都要考虑人与生态环境之间的关系，要维持自然环境的效益，减少对生态平衡的破坏。设计需要减少有害物质的使用或者排放，并且尽量使用能够循环利用或者再生利用的零部件来进行生产。这就需要设计师以生态环境保护为创作理念设计产品，设计出简洁、耐用的产品，从而延长产品的使用寿命。

（五）遵循系统分层的原则

文化创意产品的设计需要遵循多层次、系统化的设计原则。因为消费者的需求是多种多样的，其年龄、性别、爱好、性格、文化背景等因素都会对其需求产生影响，因此单一的产品是无法满足广大消费者多种多样的需求的。企业和设计师应该在设计文化创意产品时，准备多种设计方案以满足不同消费者的不同需求，并且要设计不同规格、不同价值和不同档次的文化创意产品。

1. *高档文化创意产品设计*

首先，要注重塑造文化创意产品品牌，提高文化创意产品的文化内涵和消费者的审美品位。其次，可保留精湛的工艺技巧痕迹，凸显文化创意产品的材质美。最后，在包装上应联系产品主题，传达文化神韵。此类文化创意产品价格定位较高，但不一定是企业主要的盈利产品。

2. *中档文化创意产品设计*

在设计中档文化创意产品时，应考虑消费者对文化创意产品的内心情感需求、精神需求，最终创造出充满趣味的文化创意产品。以西瓜为元素的系列文化创意产品的开发，强调文化创意产品在造型、纹样、颜色上的再设计。

3. *低档文化创意产品设计*

在保证文化创意产品质量和文化创意产品独特性的基础上，批量生产文化创意产品，同时选择价格低廉、容易加工的原材料，这是在满足消费者需求的同时保证文化创意产品价格低廉的重要方式。在保证价格低廉的同时，在设计文化创意产品时还需要注重系列化的开发以满足消费者的购买需求。现在的市场经济是以需求为导向的，单一化的文化创意产品已经无法维持较长的生命周期，文化创意产品必须进行系列化开发。文化创意产品进行系列化开发能给予消费者更多的选择，刺激消费者的购买欲望，强化文化创意产品在市场上的竞争力，以适应市场的多元化进程。

二、文化创意产品的设计方法

（一）头脑风暴法

"头脑风暴"最早出现在精神病理学研究中，指的是精神病患者出现精神错乱的状态。之后，"头脑风暴"一词被用于进行没有限制的自由想象和讨论，其目的是激发出新的想法和创意。

运用头脑风暴法时，需要给定中心词，发散思维联想一切自己感兴趣的文化元素，用便条纸将联想到的关键词记录下来，之后再进行分析和整理工作。

在组织群体进行头脑风暴时，主持人需要将有关专家集中起来进行专题会议。主持人向参与者阐述会议的主题，明确会议的规则，营造出轻松、和谐的氛围以保证会议有序进行。主持人不得对会议主题发表自己的意见，以免打扰到参与者，由参与者"自由"提出尽可能多的方案（图1-5-1）。

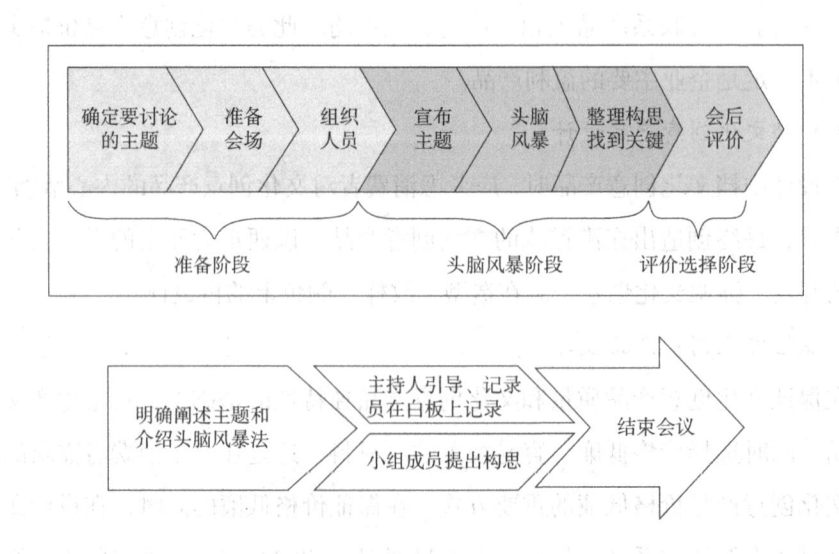

图1-5-1 头脑风暴示意图

1. 头脑风暴法的基本原理

第一，只专心提出设想而不加以评价。

第二，不局限思考的空间，鼓励天马行空，提出越多设想越好。

2. 头脑风暴法的四大原则

第一，自由地思考。要求参与者尽可能地解放思想，无拘无束地思考问题并畅所欲言。同时，鼓励自由奔放、异想天开的设想，观点越新奇越好。

第二，会后评判。禁止参与者在会上对他人的设想评头论足，排除评论性的判断，至于对设想的评判，留在会后进行。

第三，以量求质。鼓励参与者尽可能多地提出设想，以大量的设想来保证质量较高的设想的存在，设想多多益善，不必顾虑构思内容的优劣。

第四，见解无专利。鼓励借鉴别人的构思，借题发挥，根据别人的构思联想到另一个构思，利用一个灵感引出另一个灵感，或者修改别人的构思。

3. 头脑风暴法的八点要求

第一，运用头脑风暴法，首先应有主题。

第二，不能同时将两个及以上的主题混在一起，主题应单一。

第三，问题太大时，要细分成几个小问题。

第四，创造力强，分析力也要强，要有幽默感。

第五，头脑风暴要在45~60分钟内完成。

第六，主持人要把构思写在白板上，字体清晰，以启发其他人的联想。

第七，在头脑风暴后，对创意进行评价（会后评价）。

第八，评价创意时，要做分类处理。

（二）卡片智力激励法

卡片智力激励法又称CBS法，由日本创造开发研究所所长高桥诚改良而成，其特点是对每个人提出的设想进行质询和评价。采用卡片智力激励法需要进行卡片切割（图1-5-2）。

卡片智力激励法实施步骤如下。

第一步，由5~8人参加会议，每人发50张卡片，另准备200张卡片备用，会议时间为 60 分钟。

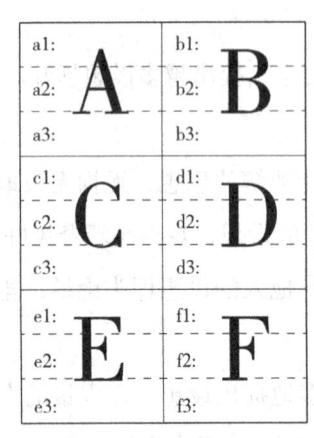

```
a1:  A      b1:  B
a2:         b2:
a3:         b3:
c1:  C      d1:  D
c2:         d2:
c3:         d3:
e1:  E      f1:  F
e2:         f2:
e3:         f3:
```

卡片切割
① 将卡片切分成 6 个大块。
② 每个大块再切分成 3 个小块。
③ 每一阶段（5 分钟）要填满一个大块，即 3 个小块内容。

图 1-5-2　卡片切割示意图

第二步，参与者对会前提示的主题进行设想，并把设想写在卡片上。每张卡片写一个设想，每人提出 10 个以上的设想，时间为 10 分钟。

第三步，在开会时，参与者把卡片放在桌子上，轮流进行解说。

第四部，在倾听他人设想时，参与者可提出质询。如果自己有新构想，应立即写在备用的卡片上，并把卡片放在桌子上，时间为 30 分钟。

第五步，参与者发言完毕以后，将内容相似的卡片集中起来，并加上标题。

第六步，卡片分好类后，要将标题写在最前面，并排成一列，之后逐一讨论完善各种设想。

第七步，主持人决定分类题的重要程度，时间为 10 分钟。

（三）奔驰法

奔驰法是一种辅助创新思维的方法，主要通过以下 7 种思维来启发实践。

1. 替代

创意中哪些内容可以被替代，以便改进产品？哪些材料或资源可以被替换或互相置换？运用哪些其他产品或流程可以达到相同的目的？

2. 结合

哪些元素需要结合在一起，以便进一步改善创意？如果将该产品与其他产品相结合，会得到怎样的新产物？如果将不同的设计目标结合在一起，会产生怎样的新思路？

3. 调适

创意中的哪些元素可以调整和改良？如何调整产品，以达到另一个目的？还有哪些元素或产品可以调整？

4. 修改

如何修改创意以便在下一步改进？如何修改现有创意的形状、外观以给消费者带来不同的感受？如果放大或缩小该产品的尺寸，会有怎样的效果？

5. 其他用途

怎样将创意用于其他方面？能否将创意用到其他产品或行业中？在另一个情境中，产品设计中的行为方式有哪些？能否回收再利用产品废料？

6. 消除

已有创意中的哪些方面可以省略？如何简化现有的创意？哪些特征、部件或规范可以省略？

7. 反向

与创意完全相反的情况是怎样的？如果将产品的使用顺序颠倒过来，或改变其中的使用顺序，会得出怎样的结果？如果做了一个与现阶段创意完全相反的设计，结果又会是怎样的？

（四）思维导图法

思维导图其实是一个视觉表达形式，它能将一个主题以及根据这个主题散发出的思维和创意之间的联系呈现出来。研究思维导图并从中找出思维和创意之间的联系能够设计出一系列方案。设计师要能够运用思维导图将主题以及与主题相关的所有发散思维和创意视觉化，并对主题进行结构化分析，如把主题的名称写在空白纸上，并将其圈起来，再对主题进行头脑风暴，绘制从中心向外发散的线条，将自己的想法标在不同的线条旁，可以根据需要在主线上增加分支。这种方法就是思维导图法（图 1-5-3）。设计师还可以使用其他视觉技巧，如用不同颜色标记几条思维主干，用圆形标记关键词语或者出现频率较高的想法，用线条连接相似的想法。

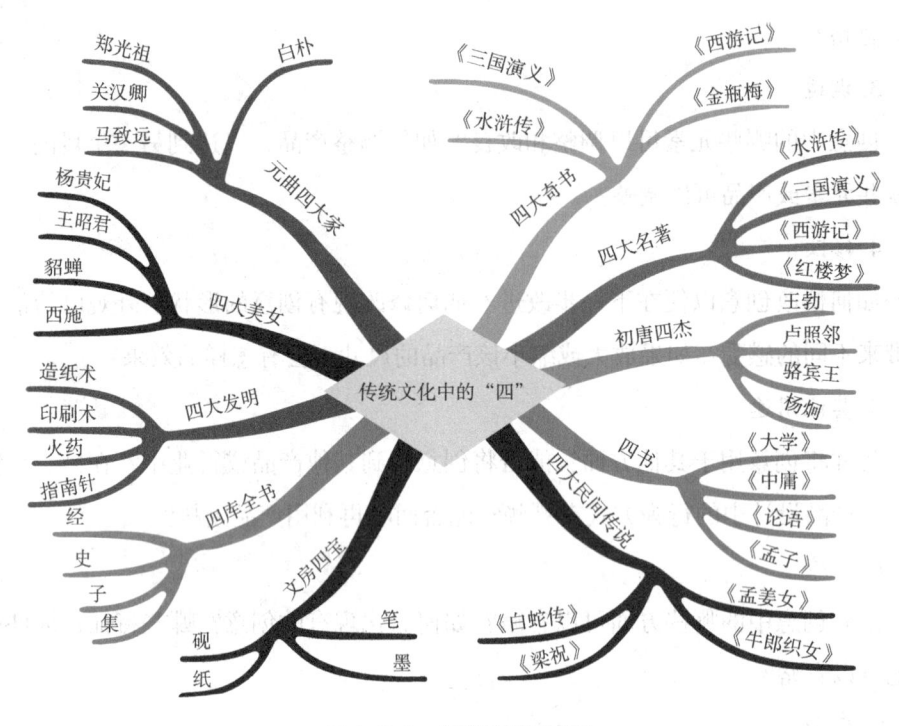

图 1-5-3　思维导图示意图

思维导图的绘制过程如下。

第一，准备 A3 纸一张、彩色笔（至少三色）若干、水性笔一支，纸必须横放。

第二，画中心主题。在纸的正中间画一个圈或一个框，写上主题词。

第三，画主干。主干线条要柔和，色差要强烈。画图顺序从右上角开始，沿着顺时针到左上角结束。

第四，填写主干关键词。提炼并填写出主干关键词。每个人的理解和关注点不同，提炼出来的关键词也会有所不同，任意发挥即可。

第五，画分支和填写关键词。先画第一层分支，再画第二层分支，然后继续分。当然，也可以直接就一个分支画到底，不需要画完第一层就开始画第二层。思维导图的优点就在于其可以不断添加，突然想到了什么，继续添加就可以。有多个分支时，还可以随时减少分支或者添加分支。

第六，配小图。可以根据个人的理解在不同的区域配上小图，有助于发散思维，也能使思维导图更漂亮。

思维导图的绘制要点如下。

第一，图像。中央和分支都要多用图像，因为图像有助于触发无数联想，加强记忆。不要担心画得不好，有效就行。

第二，关键词。如果有些内容无法用图片表达，那么就要使用关键词。关键词要简短，尽量少用词组，多用单词。

（五）拼贴画法

拼贴画法是一种展示产品使用情境、产品用户群、产品品类的视觉表现方法。它可以帮助设计师完善视觉化设计标准，便于与项目其他利益相关者交流设计标准。

采用拼贴画法应选择最合适的材料，2D 和 3D 材料均可，可凭直觉尽可能多地收集原始视觉素材，并根据目标用户群、使用环境、使用方式、用户行为、产品类别、颜色、材料等因素对视觉素材进行分类，还需要决定背景的功能和意义，如构图定位，水平或垂直定位，背景的颜色、肌理及尺寸。

在制作拼贴画时，首先，设计师在草图上找到合适的构图，此时需要着重关注坐标轴与参考线的位置，思考图层的先后顺序、图片大小、图片与背景的关系；其次，按照自己的构图意愿绘制出一幅临时拼贴画；最后，检查全图，确定该图是否已经呈现出自己想要表达的意图，之后进行粘贴。

（六）场景描述法

场景描述法也称情境故事法或使用情景法，是以故事的形式讲述目标用户在特定环境中的情形。根据不同的设计目的，故事的内容可以是现有产品与用户之间的交互方式，也可以是未来场景中不同的交互可能。在采用场景描述法时，设计师要确定场景描述的目的，明确场景描述的数量及篇幅，选取特定的人物角色或目标用户及需要达成的主要目标。同时，设计师要构思场景描述的写作风格，为每个场景描述都拟定一个具有启发性的标题，并巧妙利用角色之间的对话，使场景描述内容栩栩如生。另外，设计师要为场景描述设定一个起始点，即触发场景的起因或事件，专注地创作出一篇最具前景的场景描述。

设计的过程也被普遍认为是解决问题的过程，而在解决问题之前，设计师首先要寻找并界定真正的设计问题。这是得出解决方法最重要的前提。回答以下问题可以帮助设计师界定设计问题。

第一，谁遇到了问题？

第二，主要问题是什么？

第三，与当前场景相关的因素有哪些？

第四，提问者的主要目的是什么？

第五，需要避免当前场景下的哪些负面因素？

第六，当前场景下的哪些行为是值得采取的？

设计师将所得结果整理成结构清晰、条理清楚的文字，形成设计问题。其中应包含对未来目标场景的清晰描述，以及可能产生设计概念的方向。对问题的清晰界定有助于设计师、用户及其他利益相关者进行有效的交流与沟通。

在设计问题界定后，设计师需要进行分合思维。分合思维是一种将思考对象在思想中加以分解或合并，以产生新思路、新方案的思维方式。

（七）用户观察法

用户观察法是指为了确定产品内容、对象及地点，在毫无干预的情况下对用户进行访谈或采用问卷调查的形式实现目标的一种方法。在真实环境中或实验室设定的场景中观察用户对产品的反应，可通过拍摄视频、照片或记笔记的方式来记录，也可以将所有数据整理成图片、笔记等形式，再进行统一的定性分析，全方位地分析用户行为并将其转化为设计语言。

用户访谈的形式一般应用于开发消费者已知的产品或服务。访谈能深入洞察特殊的现象、特定的情境、特定的问题、常见的习惯、极端的情形和消费者的偏好等。在进行用户访谈时，具体步骤如下：编制访谈指南，包括与问题相关的各种话题清单；邀请合适的受访者，一般依据项目的具体目标选择3~8名受访者；访谈的时长通常为1小时左右；在访谈过程中需要进行录音记录，记录访谈对话的具体内容；最后总结访谈笔记。

问卷调查的形式是一种运用一系列问题及其他提示从受访者处收集所需信息

的方法。问卷调查能帮助设计师获取用户的认知、意见、行为发生频率，以及对某种产品或服务的设计概念感兴趣的程度，从而帮助其确定对产品或服务最感兴趣的目标用户群。在进行问卷调查时，具体步骤如下：以项目的研究问题为基础来确定问卷调查的话题；选择每个话题的回答方式，如封闭式、开放式或分类式；合理、清晰地布局问卷，确定问题的先后顺序并归类；测试并改进问卷，因为问卷的质量决定了最终结果是否有用；根据不同的话题邀请合适的调查对象，可随机取样或有目的地选择调查对象；运用数据展示调查结果及被测试问题与变量之间的关系，由此可以为设计师提供目标用户的相关信息，有助于其找到设计项目中需要重点关注的地方。

第二章 文化创意产品的设计流程

文化创意产品是指将文化、创意、设计进行相互关联,创造出一个相互作用的系统,给予本身没有精神属性的客观事物以文化属性。本章为文化创意产品的设计流程,主要就文化创意产品项目的调研、文化创意产品的受众分析和定位、文化创意产品的设计流程与管理三个方面展开论述。

第一节 文化创意产品项目的调研

一、文化创意产品项目管理

通常情况下,文化创意产品设计的表现形式是项目,文化创意产品项目管理是由文化创意设计和与具体项目有关的管理学、技术相互融合而产生的。文化创意产品项目管理指的是为了达成预设的文化创意设计目的,以项目管理学理论和相关技术为基础,在科学、合理、有计划的前提下,在对资源、时间、成本、技术、材料等有所限制的范围内进行项目任务的管理活动。一个成功的文化创意产品设计团队必须具备成熟的项目管理能力,在限制的范围内可以完成文化创意产品设计。文化创意产品设计师不仅要具备一般设计师所具备的能力,还需要有一定的文化内涵,要能够对文化有较强的认知和理解,并具备整合能力,只有这样才能设计出真正的文化创意产品。

(一)文化创意产品项目管理的准备

对于一个非常成熟且有很多设计经验的设计团队或创作企业而言,准备工作会相对轻松。而对于一个初创的设计团队或者参与文化创意产品设计活动较少的企业而言，在第一次进行文化创意产品设计时就会相对困难，文化创意产品项目的准备工作是文化创意产品项目成功的关键。

1. 进行文化创意产品项目前期检查

当企业在进行文化创意产品项目的准备工作时，进行文化创意产品项目的前期检查能够帮助企业明确自己的市场目标，这是决定项目能否成功的关键。为了防止设计出现方向性错误，需要对文化创意企业的内部资源进行评估。

文化创意产品项目前期检查的主要内容包括：检查以往文化创意产品项目成功或失败的原因；检查项目技术的薄弱环节；检查文化创意产品项目管理的能力和水平。

2. 编制文化创意产品项目规划书

编制文化创意产品项目规划书是文化创意产品项目准备工作的重要环节。

一个合理、科学、完整的文化创意产品项目规划书能够帮助团队或企业明确项目的设计方向和目标，同时能够降低项目风险，帮助设计师提前了解项目，做好前期准备工作。

从文化创意产品项目管理者的视角来看，一个合理、完整的项目规划书应该包括以下几个方面：设计目标、设计计划、设计要求。所以，编制项目规划书的基本要求就是要明确合理的设计目标、做好合理的设计计划以及确认设计要求。文化创意产品项目规划书的编制通常要经过市场研究、产品研究、技术研究、交流与评估研究等步骤。

（二）文化创意产品项目规划管理

文化创意产品项目管理者要对文化创意产品项目管理进行合理规划，并且在设计的过程中要对所有的设计工作进行管理，这就是文化创意产品项目管理。当文化创意产品项目的准备工作完成之后，文化创意产品项目管理者的工作重点就变成管理项目规划，这对于完成文化创意产品项目规划书中设定的设计目标十分关键。文化创意产品项目规划管理的方式一般有分阶段管理、产品设计与开发管理、产品项目规划的成本管理、产品项目规划的品质管理、产品项目规划的时间管理等。

(三)文化创意产品项目团队管理

随着社会的发展,现阶段的文化创意产品项目通常是非常复杂的,这既需要文化创意团队成员具备多种职能,也需要团队成员共同参与。而实际中一个拥有多职能的、协作能力强的团队更容易完成项目。但是在开发文化创意产品项目的过程中,团队成员会不可避免地在想法上出现分歧,为了避免因想法出现分歧而延误项目的进度,就需要对文化创意团队进行有效的管理。

文化创意团队的工作有以下三个特征:第一,文化创意产品项目需要集思广益才能够完成,因此要让团队中的成员有平等的参与感与认同感;第二,在文化创意团队中不仅要重视团队的作用,还要重视团队领导的领导能力和团队核心成员的个人能力;第三,文化创意团队一般由5~7名成员组成,最多不能超过8个人。

为了保证文化创意团队的工作效率,需要设立一个文化创意产品项目经理。文化创意产品项目经理需要具备较强的工作能力,其不仅需要拥有良好的专业设计能力,还需要具备优秀的团队管理能力。同时,文化创意产品项目经理还要能够明确设计目标和进行项目规划,并且拥有管理团队的权限。

二、文化创意产品市场调查

文化创意产品的市场调查有规定的工作程序,是有计划、有组织的商业活动。只有按照一定的工作程序进行才能够保证市场调查结果的有效性。文化创意产品市场调查的程序一般可分为确定调查主题与调查目标、制订调查计划、实施调查计划、提出调查报告。

(一)确定市场调查主题与市场调查目标

文化创意产品的市场营销决策涉及的内容非常繁杂,因此需要调查的内容较多,不可能仅仅通过一次调查就能完成调查任务。所以,在进行市场调查准备工作时,先要明确最需要解决、最关键的问题,确定本次市场调查的主题,明确本次市场调查需要完成的最关键的任务和最重要的目标。

根据文化创意产品市场调查主题的性质和调查目标的不同，市场调查项目可以分为探索性调查、描述性调查和因果关系调查三种类型。

1. 探索性调查

探索性调查通常应用在未明确调查主题的情况下，它能够确定调查主题的方向、内容和调查范围，然后收集、调查相关资料。例如，当一个企业发现最近一个季度的文化创意产品的销量明显下降时，很可能是因为竞争对手发售了新的文化创意产品，或者受众的喜好发生了变化，或者自身的产品质量出现了问题。这时企业就需要运用探索性调查来找到问题的关键所在，及时了解市场情况，以便做出积极的应对。

2. 描述性调查

描述性调查是一种十分常用的调查方式，在一般情况下应用于调查文化创意市场营销策略的不足之处以及出现问题的原因。描述性调查主要是记录采集到的数据资料，并根据客观数据进行静态描述。在文化创意企业对短期市场营销策略进行调整时，会对近些年来受市场欢迎的文化创意产品进行总结与分析，以便于其预测市场对文化创意产品的发展需求。而文化创意企业在对长期市场营销策略进行调整时，会根据当前的实际情况对未来的发展情况进行预测，同时对某一个地区的民众的收支情况进行调查，详细掌握当地居民的收支变化情况、产品拥有率、产品饱和度、产品普及率等，并且对当地的生产状况有一定的了解。

3. 因果关系调查

因果关系调查的目的是分析市场营销活动中不同因素之间的关系，并调查市场中一些现象存在的原因。在文化创意企业的营销活动中，各因素之间存在着密切的联系，在这些因素中很多是可控制的变量，如产品成本、人员、产量、价格等，有些因素受其他因素的影响较大，如销售数据、产品反馈、企业利润等。通过因果关系调查，能够清楚地了解某种变量的变化究竟会受到哪些因素的影响，多种因素的变化对变量的影响程度如何，以及这些影响因素将会发生怎样的变化等。

(二)制订文化创意产品市场调查计划

在确定文化创意产品市场调查的目标和主题之后,市场营销调查人员就要及时制订调查计划。市场营销调查人员在制订文化创意产品市场调查计划时要重点关注调查对象、调查方法等内容。

1. 确定调查资料的来源

文化创意产品市场调查计划必须确定资料来源。调查资料按其来源分类,可分为第一手资料和第二手资料。

第一手资料指的就是市场调查时采集的原始资料。市场调查项目大都需要采集第一手资料,但是采集第一手资料的成本相对较高,不过得到的资料与数据都能为解决问题提供很大的帮助。第一手资料的来源通常是实际调查和深度沟通等。

第二手资料指的是在市场调查之前就已经有的资料。文化创意产品市场调查人员通常会在查阅第二手资料之后进行调查工作。采集第二手资料的成本相对较低,但是在文化创意产品市场调查中还是以采集第一手资料为主。如博物馆文化创意产品市场调查侧重于对文物、典籍、历史等资料的梳理;旅游景区文化创意产品市场调查侧重于对地域文化、景观特色、民俗文化等资料的梳理。

2. 确定市场调查的对象

根据文化创意产品市场调查对象的范围大小,市场调查可以分为普遍调查和抽样调查两大类。

普遍调查能够得到较为全面的统计数据,但是具体的实施过程十分复杂,不仅费时,而且费力,调查成本高,一般只有政府机构为了调查某些特定项目才会使用,如人口普查、经济普查等,在文化创意产品市场调查中则极少使用普遍调查。抽样调查指的是对调查总体的若干个体进行调查,文化创意产品市场调查通常采用抽样调查的方式。抽样调查的种类较多,企业通常采用随机抽样调查与非随机抽样调查。随机抽样调查指的是排除调查工作人员的主观干扰,在调查总体中随机抽选若干个调查对象;非随机抽样调查指的是由调查工作人员进行主观判断选择调查样本,因此调查结果往往会产生较大的误差。但是如果调查工作人员有丰富的调查经验，非随机抽样调查也是一种不错的调查方式。

（三）实施文化创意产品市场调查计划

实施文化创意产品市场调查计划包括两个步骤：文化创意产品市场调查数据资料的收集和文化创意产品市场调查数据资料的加工处理和分析。

1. 数据资料的收集

文化创意团队的领导者需要经常进行市场调查，以了解市场的变化，从而得到准确的市场调查结果。例如：在采用观察法进行调查时，领导者要叮嘱调查工作人员做好信息采集工作，以免遗漏信息；在采用询问法进行调查时，要确保调查结果的客观性，不允许调查工作人员诱导调查询问对象，使其做出不客观的回答。

2. 数据资料的加工处理和分析

在经过市场调查之后，企业需要处理采集到的数据资料，数据资料的处理必须科学、合理且准确。数据资料的处理包括分类、整合与整理调查资料。在处理数据资料的过程中一定要保证数据资料的完整性。

处理完经市场调查采集到的数据资料之后就可以对其进行分析了，从而得到调查结果。根据数据资料的分析性质不同，数据资料分析可以被分为定性分析和定量分析；根据数据资料的分析方式不同，数据资料分析可以被分为经验分析和数学分析。当前，大多数企业会使用数学分析法对数据资料进行定量分析。

利用先进的统计学方法和决策数学模型，辅之以经验分析与判断，可以较好地保证调查分析的科学性和正确性。

（四）提出文化创意产品市场调查报告

在进行文化创意产品市场调查之后，企业会对采集到的数据资料进行整理和分析，调查工作人员必须得出调查结论，然后以调查报告的形式总结文化创意产品市场调查的结果。文化创意产品市场调查报告能够使企业初步了解文化创意产品市场的现状，并且能够根据调查报告设计市场营销方案和策略，调查报告对文化创意产品设计师、市场营销人员、项目决策人员都有非常重要的意义。

第二节 文化创意产品的受众分析和定位

一、文化创意产品的受众分析

文化创意产品市场发展的重点是研究消费者的消费行为，企业进行营销活动的目的是为有需求的受众提供文化创意产品。因此，企业需要了解受众、分析受众，知道受众的购买需求、购买动机、购买喜好，只有这样文化创意团队才能有针对性地开发新的文化创意产品，并为企业提供产品样式、价格、销售渠道及营销方式等方面的建议。对受众行为的分析主要有以下几点：受众市场、受众购买行为模式、受众购买行为类型、影响受众购买行为的因素等。

（一）文化创意产品受众行为分析的内容

企业应该从心理学角度分析受众的心理、动机、态度和喜好等，这能够帮助企业快速了解消费者的购买动机和购买心理。

第一，从社会角度研究分析社会阶层、家庭结构、相关群体等对消费者行为的影响。

第二，从传播学角度研究分析消费者如何收集产品信息、收集信息的渠道以及他们对产品宣传的反应等。

第三，从经济学角度研究分析消费者经济状况如何影响其产品选择、费用开支以及如何做出购买决策以获得最大的满足。

第四，从文化人类学角度研究分析人类的传统文化、价值观念、信仰和风俗习惯等对消费者行为的影响。

（二）文化创意产品市场及受众购买行为分析

文化创意产品市场也被称作文化受众最终市场，在这个市场中，所有的消费者都是文化创意产品的受众，其购买产品的目的大多是满足个人或家庭的文化生活需求，不存在营利性动机。文化创意产品受众的特点决定了受众市场的特征。

第一，市场广阔，消费人群较集中，如集中在博物馆、旅游景点等。

第二，市场需求弹性较大。文化创意产品市场的产品种类繁多，常针对受众进行高、中、低档的分层分析。

第三，专家购买。大多数文化创意产品市场的消费者具备一定的文化认知，他们在购买产品时，会关注自身情感和印象，因此他们的购买决定容易受文化创意宣传、文化情景空间和服务等的影响。

第四，除少数高档耐用文化创意产品外，一般不要求技术服务。

（三）文化创意产品受众购买行为模式

受众购买文化创意产品的行为是非常复杂的，并且在购买文化创意产品或服务的过程中，受众也会产生一系列的反应。这是一种行为过程系统，这个系统之中有六个要素，分别是谁买（who）、买什么（what）、为什么买（why）、什么时候买（when）、什么地点买（where）、如何买（how），这6个要素也被称为"SWIH"。

文化创意产品受众在购买过程中发生的一系列行为反应犹如一只"黑箱"，看不见，摸不着。外部刺激经过"黑箱"产生反应后引起行为。因此，受众购买行为是"刺激－反应（S-R）"的行为。

对受众形成外界购买刺激的因素有两种：一种是营销刺激，主要包括由企业发起的各种营销活动，这类活动是可控的，与之相关的因素是产品、价格、分销和促销；另一种是其他刺激，这种刺激主要包括受众受到的外部刺激，如政治、环境、经济、市场、文化等因素，这些外部因素会刺激受众的"黑箱"心理活动过程，从而促使受众产生购买行为。

受众在接受刺激与反应之间的"黑箱"有两部分：一是受众的特性，包括受众的文化、个性心理、社会等因素，这些因素会影响受众对外部刺激的理解反应，不同特性的受众对相同的外界刺激会产生不同的理解反应；二是受众的购买决策过程，包括受众确认需求、受众收集信息、对比产品选择、决定购买、购买之后的感受五个阶段。

（四）影响文化创意产品受众购买行为的因素

影响受众购买行为的主要因素是受众的需求和购买欲望，而受众的购买需求、购买欲望以及购买行为和习惯会受到多种因素的影响，这些影响因素之中既包括个人的内在因素，如受众的个人心理因素，也包括外在环境因素，如社会因素、文化因素等。这些因素大多数是营销企业无法控制的，但又必须加以考虑的影响因素。

1. 个体特征因素

受众个体具备的一些特征会影响受众的购买行为，尤其是受众的年龄、收入水平、生活方式、学习专业、工作需求及个人爱好等，这些个体特征需要企业给予重视。受众个体特征不同，具备的购买方式、购买需求、购买动机也会有所差异。从年龄方面来看，年龄小的受众个体对玩具、文具的需求更大，年龄大的受众个体对养生类产品的需求更大。从职业方面来看，教师更喜欢有文化内涵的产品，设计师更喜欢新潮的、有设计感的产品。从收入水平方面来看，高收入人群更喜欢高品位、具有艺术性的产品，低收入人群更喜欢实用性强的产品。文化创意产品的设计师只有根据受众个体的特征分析受众的购买行为，才能更精准地设计出适合不同受众群体的产品。

2. 心理因素

一些西方的心理学家针对不同的人群提出了不同的人类动机理论，这些理论对于分析市场营销策略和受众行为有一定的参考价值。在这些理论中，人本主义心理学家马斯洛的需求层次理论产生的影响最为显著。根据马斯洛提出的需求层次理论，将人类的需求根据重要程度分为五个层次：生理需求、安全需求、社会需求、尊重需求和自我实现需求。在文化创意产品设计中，人们有对于文化情感的需求，因此文化创意产品能够满足人类更高层次的需求。

马斯洛需求层次理论（图2-2-1）的核心是，人类具有不同层次的需求和欲望，随时有待满足。

图 2-2-1　马斯洛的需求层次理论

3. 文化因素

对受众的购买行为和购买需求影响最大的是文化，文化是人类在政治、经济发展过程中所有的精神活动和精神产品。文化无时无刻不在影响着人类的行为，任何人都是在文化环境中成长的，这就导致人们会具备一定的行为习惯和思想观念。文化因素主要包括的内容有亚文化和社会阶层。

（1）亚文化

每一种文化中都会有某些大型或小型的亚文化群体，这些群体中的成员拥有特定的认同感，并且通过亚文化的社会影响力联系在一起，因此每个群体中的成员都具备特定的价值观、生活习惯和行为准则。亚文化群体主要包括民族群体、宗教群体、种族群体和地理区域群体。

（2）社会阶层

每一类型的社会中都有各种不同的社会阶层。这些社会阶层有其相对的同质性和持久性，它们按等级排列，每一阶层的成员都具有相似的兴趣、价值观和行为方式。个人能够改变自己的社会阶层，既可以晋升到更高阶层，也可能下降到较低的阶层。

4. 社会因素

文化因素并不是影响受众消费行为的唯一因素，社会因素也能够影响受众的消费行为。社会因素指的是某一个受众个体会受到其周围人的影响，最重要的是家庭、社会角色和地位以及相关群体的影响。

（1）家庭

家庭对于受众的购买行为会产生非常大的影响。由于家庭会直接影响每个人的行为准则、思想、价值观以及其对世界的认识，因此家庭是重要的影响因素。

（2）社会角色和地位

社会角色是指一个人在不同场合中的身份。人在不同群体中的位置可用角色和地位来确定，这些都会影响个人的购买行为。

（3）相关群体

相关群体指的是能够对人们的行为、价值观、思想产生直接或间接影响的群体，也就是受众所在并能够相互影响的群体。而受相关群体影响较大的企业在进行文化创意产品设计的过程中最关键的环节就是如何找到该群体的领袖。

二、文化创意产品的定位

文化创意产品的定位指的是潜在客户或已有客户对于文化创意产品的心理定位。在设计文化创意产品的过程中，文化创意产品的定位需要设计师站在市场的角度进行市场需求分析，以此来确定产品的设计方向，最终使文化创意产品在市场中具有较强的竞争力。文化创意产品的定位会直接影响产品最终的成败，市场调查对文化创意产品设计至关重要，如果没有根据市场调查结果来确定文化创意产品的定位，设计师的设计方向就会偏离受众的需求。

（一）文化创意产品人群定位

文化创意产品的使用人群是在设计文化创意产品的过程中需要解决的第一个问题。设计师设计的产品由谁来使用，消费者的年龄、性别、收入状况等，需要十分明确。确定文化创意产品的消费人群对文化创意产品的设计而言至关重要。企业进行的所有营销活动都是针对目标受众的，如果目标受众出现偏差就会出现产品利润无法达到预期的情况。

（二）文化创意产品价格定位

市场上各种产品逐渐饱和，消费者在购买产品时一般较为理智，消费者更希望买到性价比较高的产品。但是由于目前的文化创意产品普遍存在情感溢价而导致价格超过普通产品的价格，因此企业对文化创意产品的价格定位就十分重要。价格定位指的是企业根据产品的特点将产品的价格定在某一个区间之内，所以产品的价格不能简单地分为高档、低档，而是要根据市场调查结果进行综合考量。

（三）文化创意产品功能定位

文化创意产品的功能定位并非一个宏观的概念，而是要考虑市场中某些具体的需求，因为一个产品的实用性也是衡量该产品在市场中是否受欢迎的重要因素。例如，当消费者想要购买雨伞时，会对产品的功能进行定位，有些消费者看重的是雨伞是否时尚，有些消费者看重的是雨伞的遮阳功能，有些消费者看重的是雨伞的实用功能。不同的消费者对于雨伞的功能有不同的需求，因此会形成不同的消费群体。企业需要针对不同的消费群体制定不同的营销策略来满足不同消费者的需求。

（四）文化创意产品质量定位

文化创意产品质量定位也被称为产品的品质定位，这种定位方式关注的是产品的质量，是根据产品的品质进行定位的，即消费者根据产品的品质对产品产生购买需求和购买欲望，并对该产品进行定位。文化创意产品质量定位在文化创意产品定位中非常重要，因为当消费者购买一件产品时首先会关注产品的质量。如果产品的质量较差，那么就会影响消费者的消费体验，从而对该产品甚至该品牌失去信任。因此，企业在制作文化创意产品时应该提高产品质量标准，要能够满足消费者的长期使用需求。

第三节　文化创意产品的设计流程与管理

一、文化创意产品的设计流程

文化创意产品以市场需求为前提进行产品开发立项，并根据设计和开发方案有计划地进行设计工作，确保开发进度、开发成本、开发质量能达到设计任务的要求。

（一）项目确立与制订项目工作计划

1. 项目确立

当文化创意设计团队或者个人设计师接到文化创意设计项目时会有多种多样的项目形式，从总体上看可以分为以下几种：创新性设计、改良性设计、概念性设计。无论是哪种设计项目，当设计师接到项目时都需要确立项目，同时签订项目合同，并且与发布项目的机构确定项目的完成时间以及最终完成的结果等。

2. 制订项目工作计划

文化创意产品的设计过程实际上就是解决设计问题的过程，对文化创意产品设计过程中遇到的问题提出解决方案，并分析已有文化创意产品，最终得到一个改良或者重新创造产品的方案。在文化创意产品设计的开始阶段就需要制订一个详细的工作计划，明确每个时间点的工作内容和工作结果，将整个设计过程的时间安排、内容进度等制成一张详细的计划表。

（二）项目调研与客户沟通

1. 项目调研

文化创意产品的设计需要以市场调查结果为基础来进行，市场调查是每个设计师都应该做的准备工作。在获得调查结果之后，企业需要开展项目讨论会议，安排具体的设计准备工作和设计工作。每一个文化创意产品都会涉及受众需求、文化内容、材料成本、人工成本、审美取向、操作技术等一系列因素。设计团队或设计师需要对受众需求、文化内容、市场反馈、已有产品进行整理和分析，从而明确受众的真正需求，最终设计出优秀的产品。

文化创意产品设计能否成功与是否满足消费者的需求有着密切的关系。在设计之前，设计师必须科学有效地掌握相关信息和资料。市场调查包括设计背景调查、文化分析调查、竞争品牌调查、消费者调查，其中一个重要的环节就是消费者调查。设计师站在消费者的角度对文化创意产品进行分析是十分必要的。

2. 客户沟通

沟通指的是人与人之间相互分享信息的过程。沟通还有一种定义是通过人与人之间相互分享信息从而对对方的思想、决策、行为产生影响，在沟通的过程中，信息就是这个系统的需求。因此，想要获取需求就要进行沟通，从而搭建系统需求，并统一系统需求的定义，也就是系统应该做什么，不应该做什么。沟通的目的就是将信息传递给接收者，这可以通过听、说、写等方式来进行。如何合理、高效地使用沟通技巧与客户进行沟通需要设计师或设计团队从多个方面加以改善。与客户沟通的方式通常有四种，即口头沟通、会议沟通、书面沟通以及演讲和报告。

（三）思维导图与设计思维导图应遵循的规则

1. 思维导图

思维导图是指运用图文并重的技巧把各级主题的关系用相关的层级图表现出来，将主题关键词与图像、颜色等建立起记忆链接。思维导图充分运用左右脑的机能，利用记忆、阅读、思维的规律，协助人们在科学与艺术、逻辑与想象之间平衡发展，从而开启人类大脑的无限潜能。因此，思维导图具有强化人类思维的强大功能。

思维导图能够将设计师的思维在文化创意产品设计的过程中形象地展示出来。无论是设计师的一种感觉、一种设计思想，还是与文化相关的一个数字、一种颜色、一行文字、一种食物、一段节奏等，都能够成为一个设计思想的中心，并以此中心为基础衍生出无数个节点。每一个节点都能够与中心思想相连接，而每一个节点又能够成为另一个中心来继续延伸出更多的节点，最终通过一个中心节点呈现出放射状的立体结构。这些中心和节点都是设计师的思想和记忆，这些思想和记忆是以文字和图像的形式呈现出来的，就如同人类的大脑连接着无数的神经元。文化创意产品设计的数据库就是如此构成的。

2. 设计思维导图应遵循的规则

设计规则的目的不是限制人们思考，而是通过这些与大脑运行（工作与学习方式）一致的特定技巧来帮助人们更快速地增强学习能力、记忆力及创造力。设计思维导图应遵循如下规则。

第一，在纸的正中央用一个彩色图形或符号开始画思维导图。

第二，把写有主题的连线与中央图形连在一起。

第三，把线与线相连。

第四，用标准汉字。

第五，将标准汉字写在线条上。

第六，每条线上只能有一个关键词。

第七，在整个思维导图中都要使用色彩。

第八，在整个思维导图中都要使用图形。

第九，在整个思维导图中都要使用代码和符号。

（四）设计构思与设计表现

1. 设计构思

设计构思是指对既有设计问题进行多种可能的解决方案的思考。一般来说，构思是在意象物态化之前的心理活动，是"眼中自然"转化为"心中自然"的过程，是心中意象逐渐明朗化的过程。在文化创意产品设计构思阶段，设计构思指的是计划、构想、设立方案，也含有意向、作图、制型的意思。设计师应该充分发挥创造性思维，可以天马行空，无限畅想，想法越多解决方案越多。设计构思的过程往往是把较模糊的、不具体的形象加以明确和具体的过程。为保持思维的连贯性，设计师应及时把设计构思的内容展现在草图上。

没有设计构思，就谈不上设计；没有好的设计构思，就不可能产生好的设计。因此，研究设计构思对培养设计人员的基本素质，提高其设计水平有着积极的意义。设计构思在人们的生活和艺术创作中具有统筹和指导性意义。

2. 设计表现

文化创意产品是指通过设计师对文化的理解，将原生文化中的某些元素提取应用到设计中，并将文化元素与产品本身的创意相结合，从而形成一种新型文化创意产品。

根据符号学理论，文化创意产品的设计效果图作为一种符号，必然具有符号学的一些特征。对于从事文化创意产品设计的设计师来讲，设计效果图是为了让客户理解其设计思路，记录自己的思维过程，与团队成员进行沟通合作，它是设计师与客户之间的"代表"或者媒介。比如，文化创意产品效果图就是代表设计师的设计思想与客户进行沟通的。效果图中的符号显示着某种意义,这其实是设计师当时想法的自然流露,与意义形影不离,一系列符号构成了设计师的整个思维过程。

设计表现分为设计草图、设计效果图两种。设计草图是设计师将抽象的设计概念变为具体的形象的创造性过程。在设计灵感闪现时,设计师利用草图迅速捕捉和记录设计灵感,草图中的设计形象往往不具体、不完整,但可能会继续启发设计师产生其他设计想法。这样在草图上展现的设计概念就会越来越清晰、完整。设计效果图在设计草图的基础上进一步深化,从形态、功能、色彩、材质、工艺、结构等方面进行仿真体现,以求展现出较为真实的产品效果。设计效果图的表现方式可以是手绘,也可以是计算机绘制。设计效果图有利于客户直观地了解设计作品制作为成品后的效果,从而帮助客户做出决策。

(1)草图表现

铅笔草图。铅笔分为普通铅笔和彩色铅笔。普通铅笔草图可反复擦拭、修改,起着塑造形体和局部准确造型的作用;彩色铅笔草图在确定造型结构后,可以反复勾勒线条,并通过其笔画的粗细、浓淡效果来表现文化创意产品的立体感。

马克笔草图。马克笔分为油性和水性两种。油性马克笔有较强的渗透力,色彩更加透明、鲜艳,尤其适合在描图纸(硫酸纸)上作图;水性马克笔的颜料可溶于水,通常用于在较紧密的卡纸或涂布美术印刷纸上作画。

钢笔与针管笔草图。利用钢笔与针管笔画草图和美术绘画较为相似,其在表现事物的形态特征的同时,更加注重绘画的风格特色,这表现了文化创意产品设计风格与绘画风格的统一。

电脑草图。电脑绘图是现在许多设计师更喜欢的一种绘制草图的方式,往往是配合电脑外接手绘板,可以进行反复修改,从而达到与手绘效果图同样的效果。电脑绘制草图最大的优点在于其电子文件可随时保存与记录,便于与各部门、各软件系统相连接,有利于完成下一步的设计工作,提高设计效率。

(2)效果图表现

文化创意产品的效果图分为手绘效果图和电脑效果图。手绘效果图以彩色铅笔、马克笔、色粉等多种工具的综合运用为主。电脑效果图是利用计算机辅助二维、三维软件进行设计，整体效果较手绘效果图有无法比拟的优势。常用的三维计算机辅助软件有 Rhino、3D Studio Max，二维软件有 Photoshop 与 CorelDRAW，后期效果渲染软件有 V-Ray 和 KeyShot。

（五）样品制作

制作文化创意产品样品时，需要设计师综合考虑产品的成本、工艺、材料等要求，选择合适的两家或两家以上供应商，根据设计及产品呈现要求来安排打样。设计师要随时跟进供应商，以确保样品的正确呈现和高效完成。在样品制作完成后，经审批最终确定样品以及详尽的产品信息等内容，之后进行批量生产。

材质在文化创意产品设计中占据着重要的地位，设计师必须熟悉文化创意产品需要用到的材料的属性和作用，并且选用最合适的材料。在选用材料时，设计师要考虑产品在功能、工艺、经济、环保等方面的要求。文化创意产品材料的选用要遵循功能性原则、工艺性原则、经济性原则和环保性原则等。

（1）功能性原则

文化创意产品的功能性原则是设计人员在设计产品时需要优先考虑的内容。材料能否满足产品功能会直接关系到产品的品质。这主要体现在产品的功能、造型尺寸、可靠性、质量等方面对材料的要求上，以及产品某些特殊的功能属性要求，如防水、防尘、防震等方面的要求。这些都是设计师在选用产品材料时需要重点考虑的内容。

（2）工艺性原则

文化创意产品的工艺性原则主要体现在产品、工艺对材料的要求上。在设计产品的过程中，设计师需要对产品的材料进行加工处理，以达到预期的效果。产品工艺对材料本身也有着严格的要求，如机械加工、热处理、表面处理等对材料的要求。

（3）经济性原则

文化创意产品的经济性原则主要体现在材料价格、加工费用、材料利用率等影响生产成本的因素对材料的要求上。追求利益最大化的经济属性要求设计师尽可能地降低生产成本，从而提高产品竞争力，提升产品的销售额和利润。如果可以，设计师要尽量用廉价材料来代替价格相对昂贵的稀有材料。

（4）环保性原则

文化创意产品的环保性原则是企业和设计师都应自觉遵循的原则。设计师应该在文化创意产品设计中充分考虑其环保要求，尽可能地选用无污染、利用率高、可回收的材料，从而促进产品可持续利用，增强人们的环保意识。

（六）产品产量

为确保新产品顺利进入量产阶段，设计师要提供正确的、完整的技术文件资料及对新产品的成熟度验证。设计单位自然需要做好对策分析与设计变更的准备工作，提供样品、相关技术文件资料及零件采购资料。同时，也要监督工程单位完成以下工作。

第一，接受新产品技术、产品特性及生产作业性评估。

第二，进程安排，包括评估生产线、绘制工程流程图、草拟质量控制工程图。同时，工程单位还要负责治具的准备、制程管制、机器设备架设、参数设定及问题分析等工作。

第三，规划新产品的测试方法，准备测试设备、治具及软件，还要负责生产线测试设备的架设，以及提供测试计划与测试产出分析报告。

第四，安排新产品评审会议日程。

（七）包装设计

在对文化创意产品进行市场营销活动之前必须进行包装设计，包装设计的成功与否会直接关系到该产品在市场中的销售情况。包装设计能体现一个产品和品牌的理念，可以将产品的特性、品牌的效应完美地呈现出来，会对消费者的购买行为产生直接影响。设计师在设计包装的时候需要考虑如何将产品与受众的亲和力建立起来。在全球化深入发展的今天，市场经济已经是一个整体，包装不仅能够对产品的使用价值和商品价值产生影响，还能够对产品的生产、物流、销售等渠道都产生影响。一个良好的包装设计不仅要保护产品，还要将产品信息准确传递给受众，并且要保证在物流和产品使用方面有良好的便利性，从而刺激受众购买，提升销售量。包装设计作为一门综合性学科，具有商品和艺术的双重性。

（八）营销策划

文化创意产品营销策划质量的高低直接决定着文化创意产品营销的成败。在将一个新产品推向市场时，撰写产品营销策划书是必不可少的。文化创意产品市场消费行为实际上是一种情感运作，消费者对文化创意产品的消费行为是一种对文化情景的情愫发酵。当消费者购买地方特色文化创意产品时，相当于是将当地的文化特色带回家，因此文化创意产品的价值就在于它背后的故事。这里要强调的是文化创意产品应该具备诱发这些情愫的元素。

如果文化创意产品在外观、材质或技法上的特征不明显，那么可通过企业的品牌形象或包装手法来实现。这里的包装是指文化创意产品的营销包装，如参与公益活动、特色活动等，这就需要研究消费者的心理活动、消费动机和消费趋势等。

1. 心理价值比较

消费者在选购文化创意产品时会对品牌价值或产品本身的故事进行综合的价值比较。也就是说，如果产品不具备品牌价值，没有衍生故事，没有清楚地传达设计理念和价值观等，那么就无法激发消费者的购买动机。当然，如果产品品牌深度不够，就成了可买可不买的产品。购买文化创意产品是一种心理层面的消费行为，如果产品无法在这方面创造价值，就难以提高产品的市场竞争力。

2. 个性化塑造

文化创意市场讲究的是人文、文化与创意，文化创意产品必须具备独一无二的个性。文化创意产品的个性是指能够与消费者心理层面进行沟通，其在创意上发挥的空间非常大。

3. 消费动机

口碑营销一直是消费行为中非常重要的一环，尤其是在目前互联网消费的浪潮中，更是激发了消费者的购买动机。文化创意产品是一种与心理价值有关的消费对象，一旦这种心理价值的影响力及传播性增强，必定会在消费者中产生更大的反响。

4. 消费趋势

当前有一种追求时尚的新消费趋势不断蔓延开来，其动机不在于民生需求，也不在于物质享受，而在于思想认同。文化创意产品在这方面发挥了重要作用。

5. 消费者体验

大部分普通产品是用来满足消费者预期需求的，而文化创意产品是走进消费者心里，让消费者在第一次接触及使用过程中就能感受到惊喜与感动。这种以创造体验价值为导向的产品，更能让消费者产生认同感并成为忠实粉丝，从而为商家创造更多的商机。

（九）市场反馈与再设计

在文化创意产品投入目标市场后，根据市场的信息反馈，企业需要对重大问题组织召开专题讨论会，组织人员落实产品的改进与升级工作，进一步设计与优化产品，并且妥善、及时、有效地处理消费者的反馈意见，不断提高产品质量、消费者满意度和产品竞争力。

二、文化创意产品的设计流程管理

文化创意产品的设计已不再是几个设计师单独完成的事情，而是产品定位、工程设计、材料选择、模具打样、市场管理等方面的相互配合、各领域的对接及彼此互动。严格、高效的文化创意产品设计流程管理可以给企业带来巨大的收益，其中包括提高产品质量、改善客户服务、缩减时滞、减少成本、减少纸面作业、空间需求最小化、压缩管理层、提高应变能力、提高员工士气等。明确、清晰的管理流程能够帮助企业解决管理运作过程中遇到的很多问题。文化创意产品设计流程管理可以保证项目的顺利进行，让企业少走弯路，从而确保项目的利益和质量。文化创意产品设计流程主要分为系统化、标准化、模块化、流程化四种管理模式，分别反映在设计定位、创意过程、样品生产、营销反馈四个管理环节中。

第三章 基于不同类型的文化创意产品设计

本章为基于不同类型的文化创意产品设计，依次介绍了校园文化创意产品设计、动漫文化创意产品设计、旅游文化创意产品设计、博物馆文化创意产品设计四个方面的内容。

第一节 校园文化创意产品设计

一、校园文化创意产品的类型

学校是知识传承、文化传播的载体。历史的长久发展与学术成果的积累沉淀，让各个学校形成了各自的学科优势和校园文化。而校园文化创意产品则是宣传校园文化的主要途径之一。所谓校园文化创意产品，是指以某个学校的元素来进行创意设计开发的产品。它能反映学校文化内涵，体现学校的办学理念和精神风貌，传承学校的历史文化和精神，也代表着当今新兴校园文化创意产业的发展和更新，以及体现学校悠久历史文化的传承和积淀。对一所学校来说，这所学校本身具有的历史积淀、文化底蕴和办学传统，是这个学校在精神层面上的宝贵财富。通过学校的特定文化元素来展现学校形象的校园文化创意产品，如学校的校名、校徽、校训以及校园代表性建筑和景观形象，代表着学校的形象，蕴藏着丰富的人文历史内涵，也是校园文化创意产品的设计精髓。校园文化创意产品通常是以学校主要标识和代表性景观为主体构成。这些标志性特征会随着学校的影响力的增强而不断深入人心，成为学子们的内在精神力量，对加强校友之间、师生之间、学校和外界人士之间的交流和沟通有着积极的推动作用。

（一）以校名、校徽、校训为主题形象

每个学校都有不同的校名、校徽、校训，它们体现着学校的文化内涵，以此开发的产品有效体现了学校的精神风貌。清华大学的校园纪念品是以清华大学校训"自强不息，厚德载物"为主题形象设计的文化创意产品，将清华大学的校徽和校训融入文化创意产品的设计中，既打造出了清华大学独有的文化创意产品，又突出了清华大学的核心特征。将校训进行系统性设计开发，在分析整合后产生新的功能，由此文化创意产品就被赋予了更丰富的意义，这是典型的校训在文化创意产品上的体现。

（二）以校园代表性建筑物为主题形象

鲁道夫楼是耶鲁大学建筑学院所在地，也被称为艺术建筑大楼，由建筑师保罗·鲁道夫在1963年设计而成；辛辛那提大学的"解构主义"风格建筑——设计与艺术中心，其设计者——美国建筑师彼得·艾森曼，因其碎片式建筑语汇而同其他建筑师一起被打上了解构主义的标签。西南民族大学邮票设计也选择了学校的特色地标建筑，再与传统版画艺术形式相结合，通过点、线、面的有效设计，整合学校文化素材，凝练出了一组能够囊括校园特色的图案，使得纪念印章的图案积淀了丰富的校园文化。上海对外经贸大学3D立体便签，主要采用了学校60周年校庆标识和校徽的元素，标签立体造型以校内标志性建筑为参照，整体简约大方又时尚。产品以红色系为主，金色为辅，既展现了学校60年来的辉煌，也寓意着充满希望的未来。

二、校园文化创意产品的特征

（一）纪念性

校园文化创意产品蕴含着与学校息息相关的历史，被赋予了学校的内涵，具有一般的产品不具备的宣传性和纪念性，校园文化创意产品不仅代表着学校的历史底蕴和特色，还蕴含着该校学子对学校的认同感与美好祝愿，具有特殊且深刻的纪念意义。对于学校毕业生而言，校园文化创意产品寄托着他们对母校的热爱

和怀念的强烈情感。此外，在兄弟院校的校际互访中，校园文化创意产品也可以作为具有纪念意义的伴手礼赠予对方，如同济大学的门牌号钥匙链（图3-1-1），与常见的纪念品不同的是，它以学校地址——上海市四平路1239号，作为一个情怀切入点。就像离家在外的游子始终会记得家里的门牌号，毕业的校友们只要看到熟悉的门牌号就能想起曾经的校园一样。四川大学录取通知书（图3-1-2），以"锦凤传书"为设计概念，整体以"书卷"的形式徐徐展开，书卷以褐色与金色为主，古朴且富有历史厚重感。

图3-1-1 同济大学的门牌号钥匙链

图3-1-2 四川大学录取通知书

（二）独特性

校园文创产品的根本特征体现在产品的文化、审美价值上，功能属性并不是它最显著的属性，而是校园这个符号具有的象征意义和文化内涵，独具校园特色。如云南大学的校园文创抱枕（图3-1-3），创作团队把设计的焦点集中在学生的日常生活需要和云南独特的本土文化上，大胆地使用极具地域特色的纺织纹样，将文化特性转换为特色产品，提炼出具有代表性的文化符号，同时融入新颖的审美取向，与云南大学积极多元的校园文化相契合。

图3-1-3 云南大学的校园文创抱枕

（三）收藏性

文化创意产品不仅具备实用性和艺术性，还具有一定的收藏价值。这类产品用于收藏或在兄弟院校互访时赠送使用，具备一定的收藏价值，相对于实用性，应更侧重于对"精神意境"的塑造，凝聚学校丰厚的文化底蕴和人文精神，充分体现学校的艺术品位和精神追求，不仅具有实用功能，还具有收藏价值。如上海海事大学的茶具套装（图3-1-4），既具有实用价值，又具有收藏价值。一棵树快客杯（图3-1-5）是围绕浙江树人学院展开的一套快客杯茶器设计，运用现代设计手法，将该校校徽、历史等融入茶器设计，整体运用陶瓷与玻璃材质的结合，使整个设计更加通透，较好地传达了浙江树人学院的精神，适合赠予学校对外交流过程中的嘉宾，如来学校授课的专家、教授，来学校指导工作的领导等，以达到宣传学校文化、沟通感情的目的。

图 3-1-4　上海海事大学的茶具套装 　　　　图 3-1-5　一棵树快客杯

（四）实用性

文化创意产品的实用性在消费者的消费心理上占有重要的地位，因此校园文化创意产品在追求收藏价值的同时应兼顾产品的实用性，以消费者的需求为导向。既要抓住学校的特色进行巧妙设计，也要注意大众化需要，注重产品的普适性。虽然使用价值是顾客购买文化产品时的一个主要考虑因素，但实用性与纪念性、收藏性兼备的产品更容易得到顾客青睐。如复旦大学的纪念衫（图 3-1-6），融入了学校的文化符号，并与实用性相结合，最终成为文化创意产品。因为复旦大学这个名字已经是一种能代表学校的文化符号，再与其他具有纪念情怀的符号，如学校门牌号结合起来进行排版设计，就是一个单独存在的校园文化创意产品。

图 3-1-6　复旦大学的纪念衫

文化创意产品的构成离不开文化、创意、体验、符号、审美等元素，根据不同的需求，将文字、色彩、图形等直接信息与多个元素结合，然后有意识地进行提炼和整理，进而对间接信息进行整体的把控，再融入更多的人文性与地域性，增加设计服务功能，以此增强作品的文化内涵，有利于促进个性化视觉系统构建亮点。

三、校园文化创意产品的分类

可以根据不同的使用场景对校园文化创意产品进行分类，以校园生活的必需品为设计出发点，其设计品类的选择，以生活用品、办公用具、服装为主，具有相对的普遍性。可以将校园文化创意产品具体分为以下几类。

（一）内容类纪念品

这类产品以文化礼品、办公产品、家居饰品为主，并不仅仅局限于校友的纪念品上，一般可用于在学校进行交流学习、活动中心开展相关活动、学校宣传时向来访者馈赠礼品。除此之外，这类产品在满足学校办公需求的同时，还能满足参观学校的学生家长选购纪念品的需求。如上海海事大学的纪念摆件（图3-1-7），其将学校的典型建筑雕刻在摆件表面，来体现上海海事大学的主要景观。

图 3-1-7 上海海事大学的纪念摆件

（二）创意类工艺美术品

这类产品以工艺品、首饰、刺绣、陶瓷、木雕、砖雕、文房四宝、摆件等为主，多以学校校徽图案、校园风光、吉祥物为元素进行设计。如北京大学纪念手绳（图3-1-8），最大化地应用文化创意的理念，使消费者获得了独特的体验，让校园文化创意产品成为一个不只是摆在桌面上欣赏的物品，还是一个具有丰富内涵的纪念品。

图 3-1-8 北京大学纪念手绳

（三）延伸类创意产品

这类产品以便签本、笔记本、书签、徽章、冰箱贴、随行杯、化妆镜、幻彩包、钥匙扣、餐垫、手机饰品、杯垫等为主，是衍生周边系列小而实用的产品设计。

四、校园文化创意产品设计的原则

对于校园文化创意产品而言，其设计的最终目标是通过设计来获得永恒的、经典的，甚至是代代相传的承载校园精神的文化创意产品。因此，校园文化创意产品的设计应注重产品的纪念性与实用性相结合，做到创新性与市场需求相结合，以及文化性与品牌认同相结合。

（一）纪念性与实用性相结合原则

校园文化创意产品不应只是一种简单的装饰物，而应是生活中常常能见到、用到的物品。受众在购买文创产品时的动机各不相同，不过大部分消费者都希望买到既有纪念意义又有实用功能的文创产品。纪念性蕴含着丰富的情感共鸣与文化认同，当消费者与产品产生共鸣，认同产品传达出的文化内涵时，才能凸显产品的纪念性。收藏是消费者购买校园文化创意产品的一个比较重要的动机，但是也不能忽略其实用性。一个商品如果没有使用价值，那么就不能被称为商品。譬如各处古迹的书法真迹和碑文，如果将其编印成册放到市场上售卖，可想而知，并不会有太多消费者购买。但是，如果换一种形式，不是将这些书法真迹和碑文作为主要内容，而是作为某些文化创意用品文化内涵的载体，那么它的购买群体将会扩大。同样，只有使用功能而不具有纪念性的产品也不能被称为具有价值的文化创意产品。

人们日益提高的物质与精神需求已经不再是单纯纪念性或只具有使用功能的产品所能满足的。在设计文创产品时既要考虑纪念性又要考虑实用性，在传统手工艺基础上增添一些实用性，强化产品的实用价值，会对消费者更有吸引力。比如复旦大学"真理的味道"纪念水杯（图3-1-9），将水杯这一载体和复旦大学的文化内涵整合起来，就成为复旦大学的校园文化创意产品。

图 3-1-9　复旦大学"真理的味道"纪念水杯

（二）创新性与市场需求相结合原则

校园文化创意产品本身具备的经济属性和文化属性决定了创新的必要性，消费者除了求实、求廉、求美心理，还有一个求新心理。对消费者来说，校园文化创意产品的样式、质量、情怀、卖点都应具有新颖性。同时，在实施创新设计时也要注重市场导向。明确市场缺乏的内容，根据学生真正需要的产品样式来开发设计符合受众需求的校园文化创意产品。要想满足购买者的购物需求，就要加强对市场的调研和对购买者心理的研究。

根据市场需求来指导文化创意产品的开发设计，经过市场调查、分析、研究国内外校园文化创意产品的需求情况，及时调整产品结构，抑或对原有商品进行改良、完善和提高，以适应目标受众真正的需求，校园文化创意产品的卖点是文化和创意。校园文化创意产品的设计不是简单地对现实中的"视觉元素"进行拼接，因此在满足市场需求的前提下，应注重校园文化创意产品的创新性，从深入挖掘文化底蕴、了解文化特色入手，通过创新性构建，来解决校园文化特色元素单一的问题，从而突出校园文化创意产品的趣味性。校园文化创意产品要想赢得消费者的喜爱，首先应根据消费者的趣味来设计产品，引领大众的趣味。消费者在购买商品时，往往会对充满新鲜感的物品感兴趣，设计校园文化创意产品时应该抓住消费者的这种心理，有意识地进行创新性设计。

从产品的使用方式、功能出发，让人愉快地使用产品，带给人自豪感、自我认同感；或从视觉上带给人新奇的感受，可以使用独特的外形、明艳鲜亮的色彩，从而实现产品与市场的良性循环发展。一般来说，主题、材料、功能、实现形式和工艺是校园文化创意产品的重要元素，校园文化创意产品的创新也是从这几个方面着手的。譬如，主题元素创新是对提取的校园元素进行创新，不只是简单地利用校徽、校训，而是挖掘学校的历史文化，创造出反映学校独有的文化内涵的元素，在外观上结合当代审美，同样制作工艺也能在某种程度上折射出校园文化创意产品的文化。以嘉应学院贺暨南大学百年校庆的摆件（图3-1-10）为例，摒弃常见的木质或者玻璃制品，选择陶艺作为艺术表现形式，以"书"作为摆件的整体造型。书有十股，每股十页，共一百页，代表一百年，呼应暨南大学百年校庆。古老而斑驳的篆书字"暨大百年校庆"突出了主题，意蕴着暨大一百年沧桑砥砺，在色彩上，古铜色的自然肌理效果与蓝白色的海浪形成冷暖对比。书置于海浪之上，既与暨南大学的"面向海外，面向港澳台"的办学方针相符，更意蕴着暨大的未来在永不枯竭的海洋上乘风破浪，勇往直前。该作品寓意深刻，充分体现了校园文化精神。

图 3-1-10 贺暨南大学百年校庆的摆件

（三）文化性与品牌认同相结合原则

校园文创产品以校园文化为基础，具有极强的校园特征及精神，它承载的校园物质、精神文化是其区别于其他文创产品的主要特征。因此，校园文化创意产品更具有独特的文化性，拥有校园的特征属性，在开发设计时要注重品牌认同原则，保留高识别性的校园特征，并利用高识别的校园特征使受众产生心理认同与归属感，让师生群体产生家族认同，对于社会群体则能以其独特鲜明的特色与文化建立起品牌形象，进而获得品牌认同。在元素的提取上，需要找出最具当地特色的人文、物产、自然、政治等方面的内容。将元素提取出来，进行艺术加工，使之成为具备当地独特文化的代表，因此文化性与品牌认同是在校园文化创意产品开发设计中应遵循的重要设计原则。如复旦大学的笔记本（图 3-1-11），便于携带，仅仅是简单的"复旦大学"四个字，就能反映出来复旦大学的校园精神文化。

图 3-1-11 复旦大学的笔记本

第二节 动漫文化创意产品设计

一、动漫文化创意产品的含义

动漫是动画和漫画的统称。从字面意义上看，动画是活动的、赋予生命的图画。动画包括所有使用逐格拍摄的方式，使木偶等没有生命的事物产生看起来像有生命一样运动起来的电影，属于电影的四大片种之一，是动画片、剪纸片、木偶片和折纸片的总称。因此，动画有"赋予生命"的含义。后来，有人将画片放在转盘上，这样一来，图案投射在墙上就产生了物体在运动的错觉。人的眼睛在看到一幅作品或者一个物体的时候，短期的记忆在大脑中不会消失，在一幅画面没有消失前播放下一个画面，就会给人带来一种流畅的视觉变化效果。

漫画是绘画艺术的一个种类，通常通过夸张、比喻、象征等手法来描述或评价人物和事件，具有很强的社会性，其中也包含纯娱乐的作品，具有较强的娱乐性。娱乐作品通常可分为搞笑型和人物创造型两类。这些作品能够以直接或间接的方式传达出作者对人世间的看法和态度，而且通常都带有幽默或讽刺意味。它的独特之处在于其独特的构思方式和表现技巧。它具有讽刺与幽默的艺术特点以及认识、教育和审美等社会功能。

日本人使用"漫画"一词，以铃木焕乡为最早，但他使用的"漫画"一词仍然来自古代中国的一种名为"漫画"的鸟；一般而言，学界认为风俗画家英一蝶于1769年出版的《漫画图考群蝶画英》一书才是作为绘画种类的"漫画"一词的真正出处。其后，江户时代后期的小说家、风俗画家山东京传（绘画作品用名北尾政演）在1798年出版的绘本《四时交加》的自序中写道："观贵贱混驳，男女老少绵绵络绎而交加也，平常在铺中凭梧偶漫画。"1814年，日本历史上最著名的浮世绘画家葛饰北斋（图3-2-1），首次出版《北斋漫画》，共十五篇，约四千幅图，为彩色折绘本，"漫画"之称遂大行其道。尽管学界对动漫、动漫产业的界定略有不同，但是业界和受众比较认同的定义是：动漫产业是指以创意为核心，以动画、漫画为主要表现形式，包含动画片、漫画书、报刊、电影、电视、音像制品、舞台剧和基于现代信息传播技术手段的动漫新品种等动漫直接产品的开发、生产、出版、播出、演出和销售，以及与动漫形象有关的服装、玩具、电子游戏等衍生产品的生产和经营的产业，因为有着广泛的发展前景，动漫产业被称为"新兴的朝阳产业"。

图3-2-1　浮世绘画家葛饰北斋

以动漫文创产品为中心衍生出的文创产品被称为动漫衍生品，也就是对动漫、手游、电游中的原创人物形象进行重新设计后，研究出可以出售的产品或者某种服务。音像制品、电影、书籍、各种游戏、玩具、动漫形象模型、服饰、饮料、保健品、袜业、鞋业、文具等都能开发成动漫衍生品,更能以形象授权方式延伸到更广泛的领域,如主题餐饮、主题公园等旅游产业及服务行业等。世界第一个动漫衍生品形象来自华特·迪士尼创造的米奇老鼠,1929年米奇形象第一次被授权给一家文具公司,此后米奇的肖像被印到了书写板上,从此开始了长达90年的传奇。

二、动漫文化创意产品的特征

动漫文化创意产品有以下三大特征。

(一)创意核心性

在动漫形象产生之后,所有创意设计都会围绕其展开,动漫创意会一直伴随着整个行业的发展而存在,产业链条上的所有衍生品都是以动漫形象来进行深度开发的结果。以漫画《乌龙院》为例,作者敖幼祥的创作团队以"漫友文化"为切入点,完成了《乌龙院》的四大系列作品,随后又出版了与漫画相关的杂志及文化创意产品,从而使得《乌龙院》这部作品重新焕发生机。

(二)品牌增值性

随着动漫产业链的进一步延伸,动漫产品已经建立了独具特色的品牌优势。通过动漫的影响力,许多相关产品的销售量得以提升,让动漫产品具有了更高的附加价值。因此,文化创意产业已经成为高附加值产业之一,它位于技术创新和研发等产业价值链的高端领域。在文化创意产品中,科技和文化增加的价值比例显著高于普通产品和服务。文化创意产业的繁荣离不开信息技术、传播技术和自动化技术的广泛应用,因而展现出了智能化和知识化的明显特征。电影、电视等常见的传媒媒介的制作过程,则是运用了光电子技术、计算机仿真技术等多种技术手段。

(三)形象独特性

动漫形象是动漫衍生产品的灵魂,创作者在形象塑造方面的可发挥空间较大,他们通常采用夸张变形的手法来最大化地体现动漫形象的独特性。以风靡全球的迪士尼动画电影《冰雪奇缘》中的雪宝形象为例，它性格开朗热情，富有幽默感，常常把场面变得搞笑，无疑是这部动画的亮点之一。

三、动漫文化创意产品的分类

简单来说，动漫文化创意产品就是创意价值的产品化。各种艺术品、文化旅游纪念品、办公产品、家居日用产品、科技日用造型设计等都可能成为文化创意产品。创新性强的创意产品具有远超用户预期的文化艺术、智慧创意价值，因而消费者十分容易接受并购买这些产品，这就是文创产品盛行的原因。

根据不同使用场景分类，可以将动漫文化创意产品具体分为以下类别。

动漫游戏：原创动漫、原创游戏。

传媒出版：报刊发行、图书出版、影视剧本、书稿交易、电子出版物。

影视音像：DV作品、歌曲创作、影视制作、音像制作、广告贴片。

服装服饰：首饰、服装、手表、丝巾、手包。

创意邮品：纪念邮折、纪念卡、明信片。

文具产品：便签本、笔记本、书签。

琉璃制品：摆件、名片架、饰品。

电子优品：鼠标套装、电子音箱、卡式U盘。

生活随行品：徽章、冰箱贴、随行杯、化妆镜、幻彩包、钥匙扣、餐垫、手机饰品。

生活随行品是动漫文化创意产品中较为常见的类别，随着文化需求的日益扩大，消费者对能满足精神文化需求的动漫文化创意产品更为青睐，如以宫崎骏著名动漫电影《龙猫》为依据制作的系列文化创意产品，就是以著名动漫IP形象为题材设计的文化创意产品，凭借在粉丝群体中的影响力和号召力，受到了热烈追捧。

四、动漫文化创意产品设计的原则

动漫文化创意产品的设计重点在于捕捉设计灵感，并以此满足用户需求。设计师应该掌握好设计灵感,并在设计整个文化创意产品的过程中贯穿创新的思路和方法。设计师应了解受众的审美期望,然后将这些期望作为设计诉求。接着,根据个人的设计价值观进行创意和设计工作。最终,文化创意产品的用户体验会得到受众的反馈。

(一)设计的研发动机

设计师的主观意识、设计事物的发生背景以及客观的设计条件等因素都影响着设计的研发动机。以设计师的角度看设计的研发动机,依据设计的深入程度将其分为四类。

(1)单纯靠模仿同类产品的跟风之作——看到某个产品产生良好的社会效益和可观的经济效益,希望通过迅速投入资源并马上进行产品设计以期得到丰厚的回报。这往往事与愿违。原创的动漫作品往往形象生动简洁,动态表情精简到位,是设计师经过反复推敲和不断深化的作品。而跟风之作的形象,无论在色彩搭配和轮廓的凝练度上,一般会与原作相差甚远,是盲目跟风抄袭模仿的产物。此类模仿设计由于对产品定位不明确,细节处理粗糙,无法在设计水平上超越原作。

(2)在原有的设计基础上进行"改良"设计——文化创意产品在不断发展壮大后,其改进空间已变得极为有限。因而,设计师在构思时需要特别关注细节。为了适应不断变化的时空环境和受众需求,设计师需要对产品定位和功能做出相应的调整,并用灵活的思维方式来适应这些变化。

(3)有的放矢地弥补空白——充实自身产品线的空缺,以占领市场份额并限制竞争对手发展,但需要注意的是,在不提升受众产品认知的前提下,产品应该具有自己的特色,而且要进行差异化设计,这是吸引受众的重要因素。另外,要善于在竞争对手的产品受欢迎之后,迅速推出类似的产品来占领市场份额,从而保持自己产品线的完整性。

(4)每个设计师都应追求创新的设计,以推广形象并扩大影响力。然而,真正能够被市场认可的设计是屈指可数的。在设计过程中,因为担心目标用户不接受,无法得到市场认可,所以只能采取比较保守的方案。如果设计师敢于冒险尝试并真诚接纳受众的评论，那么他们就能够更明确地了解受众的真实想法。只有通过实践设计，才能验证动漫文化创意产品的竞争力、受众价值和可持续发展性。这需要考虑产品是否能够提供实际的使用价值、审美价值和文化价值，以满足目标人群的需求。同时，还需要考虑真实用户数量是否足够多，能否形成规模。最终，产品能否有长期的推广周期也需要在设计实践中加以验证。

（二）受众的使用动机

使用动机是受众需求的重要组成部分，对于设计师而言，虽然并非所有的受众需求都有参考价值，但必须将所有的动机考虑在内。很多时候，受众对于自身期望的动漫文化创意产品的具体要求并不明确。优质的产品设计和友好的用户体验可以迅速获得用户的青睐，而低质量的产品则会迅速被淘汰。设计动漫文化创意产品的目的是满足广大受众的需求，即使这些需求并不十分明确。设计师致力于打造良好的使用体验，让受众在使用产品的过程中获得满足感。

确切地了解受众的动机实际上是一项相当具有挑战性的任务。其实每个优秀的设计师都应该具备出色的表演能力，在进行创意思维或设计表达时，需要抛开自身的个性特征与偏好等因素，使自己变成目标受众。若设计师不是这个产品的典型受众，就很难创造出让大众普遍认可的产品。只有当设计师进入这种设计状态时，才能真正了解受众需求。

寄藤文平的作品能够在日本获得广泛认可，并在中国也赢得了一部分拥趸，正是因为设计师考量了受众的日常习惯和心理需求，其图文相关的构图手法使得他的作品成为打发时间的首选，他设计的《地铁警示宣传板》在传达信息时找到了放纵与命令之间的最佳平衡点，被社会大众普遍接受。

（三）设计价值观的实现

设计师在设计动漫文化创意产品时，树立明确的设计价值观至关重要，否则最终设计出来的产品很有可能无法应对激烈的市场竞争。此外，该设计价值观的贯彻应当是全面且巧妙的。作为设计师，应该时刻保持清晰的自我意识，并与他人之间的沟通顺畅无阻。设计师在消极的自我意识和价值观指导下做出的评断有可能会与受众的认知不一致。针对动漫文化创意产品的设计，单纯延续传统的设计模式已经无法满足现代文化消费者对于文化内涵的期望和追求。只有对历史文明和现代创意思维、设计技术进行巧妙融合，才能真正体现出当代设计师创作技艺的精湛以及独具匠心的设计理念。这种妥协的取舍需要同时考虑传统文化和现代审美的需求。在设计文化创意产品时，常常将传统的文化价值观注入新的时代元素中。以周庄水乡元素为设计灵感，打造出周庄一家人的冰箱贴，通过进一步刻画周庄主题印象，表达作者对水乡的眷恋和对家乡的情怀，围绕着此价值观体系而开发出来的动漫文化创意产品，洋溢着独特的人文主义关怀。

可以从两个角度来实现设计价值观。一方面强调对历史遗产的保护，既能使文化创意产品承载着深重浓厚的地方传统符号形式，又有全新的使用功能，满足人们对新奇体验的追求。另一方面是借用文化传统，强调产品中包含的一些传统思想的核心，但却在外观上进行了现代化的修饰，以迎合现代消费者的审美需求。许多环境设计、建筑设计、服装设计和平面设计等，都遵循着这种创作原则。

五、动漫文化创意产品的设计表达

（一）动漫文化创意产品创意方法与整合

和其他设计产品一样，动漫文化创意产品也具有实用性、审美性和认知性。产品的外观能够激发人们的审美能力，让人们感受到美好愉悦的情感。为了实现这种审美效果，设计必须包含丰富的文化和精神内涵。这将激发人们对生活情趣和价值体验的认识。通过灵活运用光影效果和正负形式的转换，纸雕作品《龙猫》呈现了一种明亮、温馨的视觉效果。为了实现文化创意产品的审美功能，需要使用具有特定文化元素的媒介作为工具。这些文化元素可以分为两个不同的类别。"生活方式文化"是由器物文明和行为习惯共同构成的文化形态，而"价值观念文化"则由精神文明和意识形态组成。

动漫文化创意产品的设计需要以受众的生活方式为切入点，研究其生活方式与价值观念，努力使产品传递人文价值观，有利于从物质和精神层面为受众带来愉悦感受。动漫文化创意产品设计是设计师对产品相关的价值观念和生活方式进行思考和表达的一种方式。设计师将相关的价值观念和生活方式的视觉意义转化为造型语言，以便受众能够从中获得充分的信息理解和情感认同。除此之外，动漫形象还有一种独特的表现形式，就是它能够很好地呈现出叙事性、包容性和政治中立性。因此，在文化创意产品的设计中，动漫形象能够很好地体现出创意思维的具体表达，这是它天生具有的优良特性。我们可以从生活方式、价值观念两个方面来获取文化创意产品设计的创意。

1. 生活方式

人们的物质文化现象表现在其生活方式之中。它涵盖了满足人们生活和生产所需的物品和资源。这些物质形态的成果代表着人们在不同生活环境中的适应能力，并且反映了他们的价值观。创意的获取与生活方式息息相关。文化意蕴指的是由人们生产生活创造出的独具特色的异国情调。地域文化潜藏在人们的生活方式中，只有通过专注生活中的点点滴滴，方能提取出最真实的创意，以及创造出更加贴近生活的文化创意产品，从而呈现出清新自然的特色。

生活方式还涉及社会制度、传统风俗习惯、道德价值观等方面。这在当代旅游活动中的趋势更加明显，人们旅行的目的是欣赏异国风情、体验不同于自身文化的生活方式，以此来缓解压力、调整生活节奏，并满足精神放松和愉悦的需求。在此过程中，个人的不同生活方式无疑会让人有非常直观的体验。获取创意的关键点在于探索新颖的衣着、美食、住宿和旅行体验。通过挖掘生活中的创意灵感，人们可以获得真实且生动的体验，深入感受当地的人文情怀，领略文化之美，以满足人们的审美需求。此外，从生活方式的角度去观察自然景观，寻找具有创意潜力的元素，有助于开发出独具特色的文化创意产品，避免同质化现象的发生。不同的地理环境为不同地区的人们创造了独特的生产和生活方式。因此，设计师需要准确了解并分析每个地方"五里不同风，十里不同俗"的生活方式，并结合当地的文化特色开发出能够提供全新审美体验的文化创意产品。藏戏是西藏的传统民间表演活动，以"藏戏面具"为元素设计的文化创意产品"藏戏面具文创胸针"，是从西藏人民的生活方式中提炼出的具有代表性的图像样式，丰富了观赏者对藏式文化的认识。因此，结合人们的生活方式进行设计，不易遗漏创意元素，对掌握的材料资源易于形成立体的体系归纳，便于创意联想的展开。

2. 价值观念

人类的精神文化层面是价值观念的来源。设计师可从丰富的理论思想中寻找人文精神的价值观念，以应用于设计实践中。从文学流派的角度考虑，人们可以思考环境是否与文化创意产品的创作和表达方式有关。它对文化史产生了何种影响？是否曾创造出一种表演艺术形式？戏剧的形式是什么？它信仰和遵循哪种宗教教义？遵守哪种伦理学原则？团队合作的技巧有哪些？这些因素在当地的社会生活、传统风俗和民族特征中是否都得到了体现。具体来说，由于不同民族和地区的视觉系统不同，因此创意获得了丰富多彩的灵感来源。这些视觉系统为创意表达提供了极具参考价值的素材，成了永不干涸的创意源泉。

由广东财经大学产品设计系学生何悦平、全林才、陈天龙设计的原创动漫形象，创意来源于广东雷州地区的民间传统石狗形象，由于古代文明程度较低、生产力较落后，雷州先民需要依托某物种作为图腾以求庇护，而当时的瑶族信奉"狗"为始祖，使"石狗"成为图腾标志，直至后来瑶汉同化，也一直沿袭下来。设计团队在原有的石狗形象上增加了现代元素，让雷州石狗文化在纪念价值和收藏价值上有了更多的表现方式和更大的空间，体现了地方文化特色，实现了地方文化特色和旅游产品的结合，这不但满足了游客的收藏和纪念需求，同时也推广传承了雷州独有的地方石狗特色文化。

雷州的石狗有不同的纹饰，如洋田地区有状如青蛙的，沿海地区有状如海豚的，山区有似狼似虎的。另外，职责不同的石狗也有不同的纹饰。如守田的大都面部扁平，身上饰有云雷纹，属"望天石狗"，专司风雨，以利五谷；守海的尾部饰有船锚，以利航海；守山的脚下饰有兽网，以利狩猎。雷州石狗香插造型就是以此为出发点，保留其传统元素神韵，用现代工业设计方法凝练造型，从而创造出了既古朴又前卫的传神特征。

（二）创意思维的多角度整合

面对来自不同文化氛围下的受众时，他们不同的文化背景会对不同的设计创意产生不同的解读，尤其在面对某些异于其生活经验的文化创意产品时更容易出现误解。受众通常会根据自己的文化背景，期望文化活动符合其所熟悉的文化氛围。在购买过程中，受众的动机、情绪和心态在一定时期内都起着至关重要的作用。在炎热的季节，人们自然倾向于寻找凉爽的地方，减少高耗能的运动，并产生购买遮阳伞、扇子等物品的动机。在受众的思维意识趋势周期内巧妙地应用创意思维，可以让创意更加多样和丰富。

以故宫彩绘陶人俑情侣晴雨伞的文化创意产品设计为例，此套产品的创意元素来源于故宫博物院藏唐代陶瓷绘女俑与唐代陶彩绘胡人俑。此设计将唐代的汉人妇女形象与胡人男子形象相结合，制成晴雨伞的伞帽和伞托底座，一方面诠释了唐代雕塑之美，另一方面也寓意着每个日出阴雨始终有君相伴的美满爱情。该设计不仅符合情侣受众氛围的文化期待，而且在炎热季节的自然环境中，会引发受众产生购买伞的动机，从而使它的创意层次变得更加丰富。另外，用户的情绪和心理状态作为一种主观意识，可以直接影响创造性的体验。特别是在一定程度上已经形成的认知基础下，人们更容易表现出偏向性的情感反应，这反映了人类的主观倾向性。受主观倾向性影响，人们对文化创意产品的认知和理解会受到影响。高质量的文化创意产品可以激发用户的积极情绪。如快乐、满足、荣耀、激情、感动等，克服负面的情绪，如不安、焦躁、烦闷、挑剔等，能在创意时加以利用，满足受众的审美体验。

具体到设计活动中，创意思维发展大致经历了三个紧密相连的环节：准备与酝酿、入手与发展、确定与反馈。下面以熊本熊的设计为例来说明这三个环节。

1. 准备与酝酿

在一个文化创意的生成过程中，准备与酝酿阶段至关重要。在这个过程中，创意不断涌现，但却面临诸多挑战。为了践行"生活方式与价值观"原则，要采取灵活的方式，颠覆一些根深蒂固的做法和观念。研究与文化创意产品相关的多种"生活方式"，并深入了解和体验这种"生活方式"。通过讨论，逐渐了解项目运作方式。设计师在构思创意时，可以深入代表某种文化特征的聚集区域，并与当地居民互动交流，以获取真实丰富的资讯。一次真实的生活体验和一个生动的故事，很可能会激发新创意概念的产生。熊本熊是水野学设计理念的典型代表，他主张设计不是从无到有，而是本来就真实存在的事物。水野学在设计之初亲临日本九州岛的熊本县体验了当地文化和人文风土，做了实地的调研工作，熊本熊的每个设计元素都源于他在熊本县体验到的日常生活。例如，尽管日本的群马县、鹿儿岛县和熊本县的名称中都含有动物，但只有熊本县在日语的读音和动物的熊的读音相同，水野学因此将吉祥物的原型设定为熊。

2. 入手与发展

入手与发展阶段是指各种想法逐步在脑海汇聚。在这个过程中，不同的想法会以不同的速度和深度发展，是相当复杂多变的。在设计的发展过程中，设计师需要以一种特定的方式来思考各种设计元素。在进行发散性思维的过程中，不要草率地排除任何一个看似还不完善的想法，也不要花费过多精力在一个想法上。在熊本熊设计的发展和深化阶段，设计师为其设计了各式各样的形态体貌、造型样式以及这个形象的动作习惯，并由此延伸出了一系列围绕熊本熊展开的故事。

3. 确定与反馈

在确认与推广构思时要转换自己的思维方式，从扩展的思维方式切换到集中的思维方式上，以保持思维的连续性。通过对比、类比几个方案，评估想法是否符合创意的要求。这能体现出团队的力量，通过相互审视和反馈，我们可以有效地避免受固有思维和自满情绪的干扰。在熊本熊为众人熟知之前，想让这只熊受到日本民众关注的最直接方式之一就是广告投放。然而，熊本熊的推广资金有限，因此网络成了最佳的营销平台。

2010年9月，熊本熊的推特账号正式登录上线。作为信息集散平台，这是公众了解它的最直接的渠道，从而打造了一个全方位的网络宣传平台。在当地政府的推动下，熊本熊开始走上事件营销的路线，"网红"生涯正式开启，甚至还参加了综艺节目和影视剧拍摄。

以"熊本熊丢失腮红，寻找大作战"活动为例，在活动中，拍摄了纪录短片。在短片的前半段，全县上下为丢失的腮红张贴布告，发动居民寻找……直到影片后半段，柳暗花明，熊本县的西瓜、牛肉、鲜鱼、草莓等"红色"土特产纷纷亮相，大家在食用之后纷纷焕发健康的红脸颊，熊本熊的腮红也自然"找到了"，秘密就是来熊本县旅游，食用熊本的土特产！故事关注了吉祥物整体细节，创意发源于细枝末节，最终回归推广熊本县这一主题，将熊本县的风俗文化、当地土产和本土特色融入了相关文创作品的推广中，通过熊本熊的故事实现了宣传熊本县的终极目标。

熊本熊作为熊本县文化创意产品的代表，其带来的经济效益远超预期。据日本地方金融机构估算，这只熊自诞生起至 2013 年第三季度为熊本县带来的经济效益高达千亿日元。熊本熊的策划团队为提高传播效果，授权允许使用熊本熊形象的商家，无须缴纳费用。不到三年，世界各地都遍布了带有熊本熊形象的文化创意产品，熊本熊被世界各地的人所熟知。

第三节　旅游文化创意产品设计

旅游文化代表旅游行为的全面性，是其时间和空间上的延伸。旅游文化创意产品被定义为由文化、创意产品和旅游相结合形成的产品。其核心特征是具有独特性和文化底蕴，同时还具有新颖、独特、互动、穿透力强的特点。旅游文化通常分为传统旅游文化和现代旅游文化，前者主要包括游客和旅游景观文化，后者则增加了旅游和文化的交流。旅游文化创意产品是充分发挥现代旅游业效能的一种文化产品设计。

旅游文化创意产品起源于西方，由文化产业的创意产业和旅游产业组成。旅游文化创意产品开发是根据市场需求规划、设计、开发，组合旅游资源、旅游设施、旅游人力资源和旅游景点来进行的创意产品设计。旅游产品是有客观生命周期的，为了建立可持续发展的经营模式，旅游企业需要采取梯队式的文化创意产品策略，即不仅要推广成熟的产品，还要同时推广成长型和开发中的产品。只有如此，才能够确保旅游文化创意用品的持续发展。为了确保旅游景点管理企业的成功运营，必须积极采取防患于未然的措施，并全面深入地研究外部环境，以预测旅游产品的生命周期并及时推出全新的旅游产品。依据产品的开发程度和性能可以把旅游文化创意产品的归属分为以下三类：已成熟的景区、新兴的景区和活动性质的景区。已成熟的景区一般指那些被广泛认可和完善开发的旅游胜地，如美术馆、雕塑公园、独具特色的博物馆、音乐厅、主题公园以及影视拍摄基地等。新兴的景点，如 IT 园区、动漫产业园区和文化产业园区。在活动性质的景区中，有很多不同种类的活动，包括但不限于各种节日庆祝、旅游相关活动、音乐庆典、服装和设计展示，还有个人作品展览等。

一、旅游文化创意产品的特点

（一）纪念性

纪念是旅游文化创意产品设计的基本要素。旅游消费者一般会通过旅游体验，对景点文化相关的产品产生兴趣，然后产生购物行为，这类旅游文化创意产品的纪念意义是多方面的，一方面受旅游目的地环境的影响，包括受当地人、气候和风景的驱动；另一方面受旅游中的审美、信仰及经历的影响。

从消费者的角度来看，旅游可分为精神和物质两个层面。旅游给游客的精神和心理带来的愉悦体验属于精神层面。而旅游文化创意产品则是将文化元素转化为实际产品。旅游者通常会购买文化创意产品，以纪念旅程中的精彩经历。因此，旅游文化创意产品应具备纪念性和吸引力，能与游客产生情感共鸣，并展现产品的实用价值。

以故宫纪念品为例，故宫文创是故宫博物院下的自主创意品牌，明成祖 rap、Q 版人物造型等都出自该品牌。紫禁城文创牌匾系列立体冰箱贴（图 3-3-1），灵感来源于紫禁城宫殿的牌匾设计，外框设计模仿了紫禁城的牌匾形状，各种文案设计还可用于家中不同场景，比如减肥人士可在冰箱上使用"冷宫"，书房可用"上书房"，厨房可使用"御膳房"等，在家也能感受到故宫的气息，有很强的纪念性。

图 3-3-1 故宫牌匾立体冰箱贴

（二）时代性

旅游文化创意产品传达的信息和外在形式体现的是旅游文化创意产品的时代特征，其与旅游目的地的历史文化和潮流文化有关，如秦始皇品牌的西安兵马俑纪念品。秦朝是中国古代史上第一个统一的中央集权的封建王朝，兵马俑就是这个时代的见证，代表着秦朝的历史文化，而兵马俑纪念品则是提取文化元素创作出来的文化产品，这较好地再现了"俑"的文化特征，促进了西安文化产业的发展（图3-3-2）。

图 3-3-2 西安兵马俑纪念品

（三）地域性

旅游文化创意产品的地域性是旅游文化创意产品的重要特征之一，还是旅游区独特的文化基因和象征。其融合了区域文化设计的旅游文化创意产品，从另一个角度来看，集中体现了旅游区人文或自然景观的特征和内涵。旅游文化创意产品的地理特征越明显，对游客越有吸引力。因此，它可以唤起游客的购买欲望并促进当地文化的传承。

旅游文化创意产品是实质性的物化产品。不同的地区可以以不同的形式和内容表达其独有的地理特征。如苍山洱海首饰盒（图3-3-3）以表现云南大理的苍山、洱海风景为主，辅以材料和文化内涵展示旅游文化创意产品的地域性。

图 3-3-3　苍山洱海首饰盒

当地旅游区独特的文化内涵与现代元素相结合，突出了旅游文化创意产品的地域特征。例如，牛首山法融·知错能改橡皮（图 3-3-4）将法融禅师的安然自得表现得生动形象。法融开创的牛头宗，专修禅观，佛门中称他的禅学为"牛头禅"。牛头禅的特点，简要来说就是：深居山林，宴坐凝想，以使心性空寂。通过这样的长期修炼，达到佛家所向往的涅槃境界。劝人知错就改，橡皮可以修改错字，很好地传达了教导意义。可见，突出的地域特色、浓厚的文化内涵与高尚的文化品位相结合，创造了成功的旅游文化创意产品。

图 3-3-4　牛首山法融·知错能改橡皮

由于不同的自然环境和社会习俗，不同地区具有不同的地域文化特征，因此产品设计材料和造型加工、包装及其概念也变得多样化。为了设计更好的旅游文化创意产品，设计师必须通过现代设计方法和技术把握区域特色资源和特色文化的核心内涵。

（四）美观性

精致美观是大部分产品应有的基本特征，旅游文化创意产品也应注重运用现代元素，注入时尚符号，我们可从以下几个方面进行反思：材质、工艺、色彩、装饰和造型。

1. 材质美

随着科技的进步，各种新的材料频频面世，为了达到创新和美观的目的，产品设计师不断尝试新材料，以丰富产品的性能，增强产品的美观性。美学材料离不开加工技术，只有将两者结合才能展现出迷人的质感，让材质本身拥有美丽的灵魂。例如，塑料通过巧妙的加工技术来表现材料的美感。如城市之扇工艺品（图3-3-5）采用的是木制材料，加工工艺采用人工雕刻，创作素材是中国各城市的地标性建筑，如北京天安门、上海东方明珠，从而结合加工工艺制成有美感的木制工艺旅游文化创意产品。

图 3-3-5　城市之扇工艺品

2. 工艺美

工艺美术实际上是一门造型艺术，它把产品与美学相结合，结合产品的实用性，并增加产品的美学特征，之后通过工艺加工产品，最终形成具有艺术形式的产品，并赋予产品新的形象，在形状、颜色和装饰上具有一定的美学特征。如洛可可设计的南京城墙麻将（图3-3-6），设计理念来源于城墙的边纹和历史感，透明度、耐磨度比普通麻将更好，不由得感叹其技巧和设计的美感。

图 3-3-6　南京城墙麻将

3. 色彩美

旅游文化创意产品材料的固有色彩以及人类增添的色彩所赋予的色彩美感被称为纪念品的色彩美。人的主观审美会影响色彩的美感，不同的游客对同一种色彩的感受是不一样的，这与游客的个人品位有关。在旅游文化创意产品的设计中，颜色与纪念品的功能、使用人群和使用环境有关。甘肃省博物馆的彩陶热水袋（图 3-3-7），它的文化元素来自甘肃省博物馆馆藏的不同时期的彩陶文物罐型及纹饰，做成了一个系列的产品，以便人们了解各个时期的彩陶文化。同时，产品在形式与配色上进行了创新，其新颖、明快的风格更容易为大众所接受。

图 3-3-7　甘肃省博物馆的彩陶热水袋

4. 装饰美

旅游文创产品要想让购买者感受到美，就要借助艺术手段来丰富产品的形式、内容等。想要实现这一点，装饰方法有很多种。一种是根据不同的形状来产生丰富的装饰美，另一种是通过不同的纹理、颜色、图案等来处理纪念品的外观，大多数旅游文化创意产品都会优先被看到，因此有必要提高产品的外观美感，最直接的方法是通过不同的装饰来达到增强外观美的效果，正如国内的旅游文化创意产品越来越受重视并致力于提高包装的美感一样。有一些产品的包装十分精美甚至超过了产品自身具备的功能。从产品设计最开始的目的来看，只有将装饰的美感和功能的美感融合到一起的产品，才能算得上是真正高品质的优秀产品。在进行设计时，一定要衡量二者关系的合理性，以期取得最好的效果。敦煌收纳盘（图3-3-8）皮革质感，轻软便携不怕折，光滑耐磨易打理。绚丽多变的图案，花涧鸟鸣的美景，从莫高窟早期洞窟"天花板"平棋中汲取灵感。色彩鲜艳，将传统纹样与当代审美相结合。可以轻松收纳，同时方便携带。

图 3-3-8　收纳盘

5. 造型美

形状之美是满足人们对功能和审美品位需求的完美契合。造型原则一般包括三个方面：美学、经济和原创，以梅州客家文化元素为题材的客家昆曲胶带座（图3-3-9）为例，将昆曲代表性的水袖元素运用到胶带台的设计中，在拉出胶带台胶带的同时，可以让人联想到戏曲人物在拂袖。

图 3-3-9　昆曲胶带座

（五）便携性

携带方便是旅游文化创意产品的特色之一。一般来说，旅游活动有三个特点：随意性、非原生境性和一次性。这或多或少地限制了游客的消费欲望，减少了游客在旅游区的购买行为。有的创意产品，在给游客留下深刻印象后，最终会因长途旅行而被遗弃。从流动性的角度来看，小巧玲珑、携带方便、易于运输的旅游文化创意产品将更受欢迎。如鲁班开锁工艺品中的锁制品对比很明显，大型的工艺品虽然比小型工艺品更能体现鲁班开锁工艺，但作为旅客，大型的工艺品由于占位过大，一般不会作为纪念品首选购买，而是会选择具有同样功能且方便携带的小型工艺品作为旅行纪念品（图3-3-10），国家博物馆的古代兵佣榫卯积木用榫卯打造一款属于国人自己连接方式的积木，将中国历史及传统文化用年轻人的方式加以传播和推广。

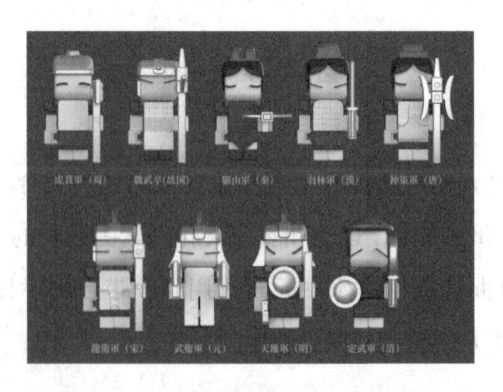

图 3-3-10　国家博物馆的古代兵佣榫卯积木

二、旅游文化创意产品设计原则

旅游文化创意产品的设计与开发，作为一种创造性的思维活动，具有很强的规律性、自主性和灵活性。因此，创造力的构成和创作灵感不能是随意的行为，必须遵循一定的客观规律，把握客观原则，才能达到发展目的，实现发展效益。

创新是设计的生命，为了克服相似化和同质化问题，旅游创意文化产品设计必须引入设计创新思维，根据市场调查情况，遵循产品设计原则。

（一）地域性原则

在设计旅游文化创意产品时，应将文化产品和民俗相结合，并要有设计感，独具特色，避免旅游文创产品雷同，这样可以使旅游文创产品更加丰富多样，从而提升其市场占有率。在设计的过程中，提取所属地域特有的文化因素，可提升旅游文化创意产品开发的新颖性，增加文化产品的地域代表性。

（二）实用性原则

所有优质产品都必须遵循实用性原则，这是设计的首要任务，赋予了产品主要功能和辅助功能。旅游文化创意产品是一个具有纪念性的物品，需要实用性的支持，缺乏实用性的产品无法满足游客的购物体验。如故宫福果便携茶具（图3-3-11），产品灵感源于故宫博物院馆藏"清代染牙桃实果盘"，产品将单人便携小茶具设计为饱满的桃子外形，象征着幸福健康、吉祥如意、延年益寿等，具有很强的实用性。

图3-3-11 故宫福果便携茶具

(三)美学原则

优秀的旅游创意文化产品设计具有审美价值,它传达的审美体验对于用户购买产品至关重要。我们每天使用的产品会影响我们的生活环境,以及我们的情绪和生活质量。每一个人都有审美能力,只有吸引旅客眼球的产品,才能激发旅客的兴趣;反之,一个功能普通且缺乏美观的产品,很难引起消费者注意。"霁峰菓盛"果盘(图3-3-12)的设计来源为曹知白的《群峰雪霁》图,设计者将白雪皑皑的峰峦及开阔的江面转化为果盘,也是别有一番风味。层阶的山峰以阴暗面呈现水墨淡雅的韵味,山中注入保冷剂,呼应荒寒静寂的雪景,同时还能让水果常保新鲜美味。果叉便是山脊上挺立的枯树,置于几案上便自成一幅风景。小小果盘,却将《群峰雪霁》的意境巧妙地融入其中,在享用美味的当下,同时兼具味觉与视觉的享受。

图 3-3-12 "霁峰菓盛"果盘

(四)纪念原则

在旅游中,具有纪念功能的产品是旅客美好回忆的载体。旅游创意文化产品是旅客在游览某个景点时留下的纪念品,因此在设计创新中,要把握旅游文化创意产品的纪念原则。当看到特定旅游文化创意产品时,旅客能回忆起旅途中的美好感受或情感思绪,如故宫"我是乾隆"茶器(图3-3-13),乾隆帝曾说"君不可一日无茶"。本系列茶器参考乾隆平日喜爱的珐琅彩瓷,融合都会几何图腾及时尚色彩计划,透过乾隆拟化人物造型,壶身锦花彩釉,壶底镶篆御印,将壶、杯、印融为一体，塑造新乾隆美学，呈现乾隆爱茶、识茶、品茶的魅力与风格。这套茶器作为故宫的标志起到了纪念的作用，也能作为旅客途经此地的某种证明。

图 3-3-13 故宫"我是乾隆"茶器

（五）时代原则

旅游创意文化产品应尽可能贴近时代精神，基于当代技术标准和文化意识来反映当代价值观和文化特征，加快形成绿色生活方式。对于一些历史悠久的手工艺品，可在继承旧主题和旧工艺的同时进行创新，这将使其更容易被年轻一代接受。旅游文化创意产品应与时俱进，注重创新，以此来适应人们的价值取向和生活方式的变化。如某品牌时钟模拟了月亮从满月到新月的变化，从一开始的月圆，到半月，最后到完全消失，以一轮明月伴人入睡，营造了"床前明月光"的艺术情境。

（六）环保原则

旅游文化创意产品的设计以创新为基础，同时也要注重环境保护，应选择环保材料。旅游文化创意产品普遍使用的材料有金属、木头、玻璃、塑料、陶瓷、布料等。社会倡导绿色生活，产品的开发也需要与时俱进。如台湾旅游文创——黑面琵鹭、木头鸟、"阿河"河马（图 3-3-14），设计师利用了雕刻、榫接、镶嵌等传统木工技艺，而这类设计出来的产品，环保性材料是一大特点，造型、手艺、配色、材料，都能成为旅客青睐的理由。

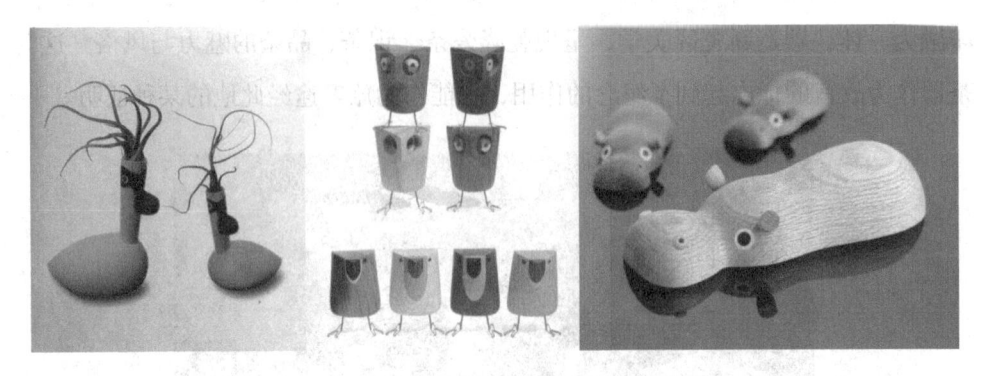

图 3-3-14　黑面琵鹭、木头鸟、"阿河"河马

（七）简洁原则

出色的设计能使产品的功能一目了然。简单纯粹的设计能减少用户学习成本并增强使用体验，所以旅游文化创意产品的设计要简单便携，容易操作，这样可以满足游客出行的需要。简洁原则是构成旅游文化创意产品创新设计的最主要的要素之一。对简洁原则的理解越深入，其设计中的创新意识就越强烈，就更具市场开发潜力。春夜宴桃李园花器（图 3-3-15），灵感来源于千年前李白名作《春夜宴桃李园序》之意境：一众文人在桃李芳华的庭院中饮酒作诗，远山在云雾中若隐若现。浮生若梦，为欢几何。几百年后，设计者向古代先贤致敬，打造出这一款精巧花器。木材弦切表面形成的自然山形纹理照应画中山峦，花瓶上方安置有可随意摆放的小木屋，同时可用作瓶盖封口。简洁的一花一世界，都市里的人借此花器也可在方寸间感受到田园之乐。

图 3-3-15　春夜宴桃李园花器

三、旅游文化创意产品设计启示

近年来，我国日益重视旅游文化创意产品开发工作，由于社会环境的变化，许多旅游目的地和当地文化所依赖的空气和土壤逐渐丧失。在新形势下，文化创意产业和休闲旅游经济的发展为文化创意产品提供了生存空间。在一些地区，当地借助城市和景点进行"表演"，重点强调从参与、学习、创造和发展来有效推动旅游文化创意产品的发展。强调"参与"指的是游客对旅游地文化活动的深度体验，它与"走马观花""蜻蜓点水"式的旅游截然不同，游客只有沉浸在环境中，参与各种活动，与社区居民和其他游客进行深入沟通，才能真正了解旅游目的地的文化，为"学习""创造"和"发展"奠定基础。强调"学习"是指游客增加知识和开阔视野，积极接收信息，并对旅游文化产生深入了解的欲望。

突出"创造"重点是强调某些技能，发挥其创造潜力。特别是对那些具有多样性和文化底蕴的文化旅游目的地，产品更应打破原有的"规则"，并根据文化背景和喜好重新诠释旅游文化产品创新，使游客成为旅游产品的共同生产者。谋划"发展"要掌握一定的技巧，满足游客自我超越和自我实现的愿望，从旅游者的创意旅游需求的角度来实现传统的形式和旅游内容的多样性、象征性、实用性和虚拟性的旅游文化创意产品自我发展。

印第安帐篷儿童台灯，是可以自己拼接的手工台灯，外形体现印第安风情（图3-3-16）。这是文化与载体的结合，是印第安文化与旅游市场的完美融合发展。

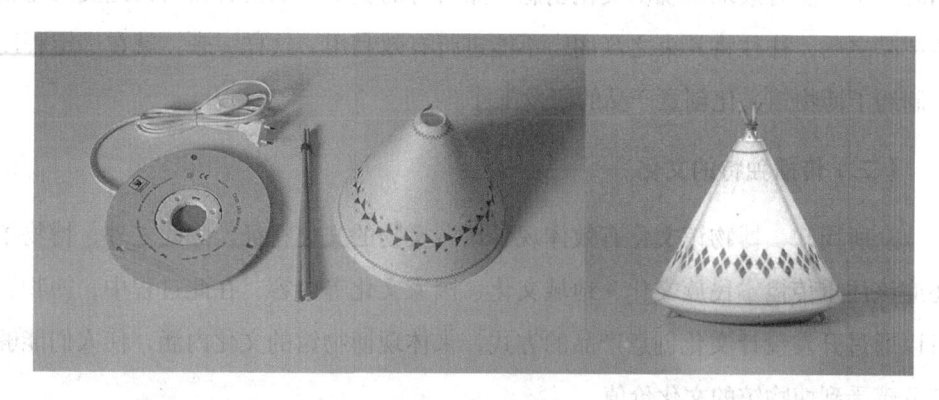

图 3-3-16　印第安帐篷儿童台灯

目前，中国的旅游文化创意产业尚不成熟，需求不稳定，产业链不完善。想要对旅游文化创意产品设计进行分析，就需要充分了解各地传统文化和审美习惯，将科学、技术、文化、艺术、社会和经济融为一体，从而设计出具有新颖性、创造性和实用性的旅游文化创意产品。

第四节　博物馆文化创意产品设计

结合我国博物馆文化创意产品的实际发展状况来看，其产品特点主要包含四个方面，分别为创新性、传播性、独特性与特殊性。相关人员在开发设计博物馆文化创意产品时，要注意物质产品是文化的主要载体，这就涉及人员的创新能力，要确保设计出的文化创意产品能够被人们接受，从而进一步促进人们了解产品背后的文化故事，这有利于发挥博物馆的公众教育职能。本节主要研究博物馆文化创意产品开发设计创新思路的重要的现实意义。

一、博物馆文化创意产品设计的原则

（一）产品融入日常美学

当前，部分博物馆在运行发展过程中较为偏向复制藏品，因此会导致文化创意产品过于单一且不具备新颖性，也会严重降低文化创意产品的使用价值。与此同时，也不能有效地体现出文化创意产品自身的美学。消费者在购买此类文化创意产品之后，往往将其束之高阁，不能进行有效利用。这样一来，就在一定程度上制约了博物馆文化创意产品的研发工作。

（二）传播独特的文化

众所周知，博物馆文化有效体现了馆藏文物的文化特征。除此之外，博物馆还应该注重传播本民族文化、地域文化、国家文化等内容，在此过程中，博物馆可以通过开发设计文化创意产品的方式，来体现博物馆的文化内涵，使人们能够充分感受到博物馆的文化价值。

（三）塑造品牌个性

在众多文化创意产品中，由于博物馆文化创意产品的特殊性，设计人员在开展设计工作时不仅要充分结合当前市场状况，还需有效结合本地特色，最终塑造出符合博物馆特色的全新品牌，为文化创意产品的后续发展与推广打下基础。在此过程中需要注意的是，当博物馆借助文化创意产品走向市场时，需要全面了解与学习市场品牌理念，以便能够制定出符合自身发展需求的品牌推广策略，从而让博物馆文创产品品牌得到个性化发展。敦煌文化又称莫高窟文化，被称为东方世界的艺术博物馆。敦煌文创产品设计（图3-4-1），选用敦煌壁画元素，造型元素均是从壁画中提取而来，图案精美，繁复而不杂乱，灵动而有韵味。

图 3-4-1　敦煌文创产品设计

二、博物馆文化创意产品开发设计的创新策略

博物馆文化创意产品作为我国新时代的文化传播方式，拉近了受众与博物馆之间的距离，以新形式履行了博物馆自身的公共教育职能，使受众充分体会到了博物馆独特的文化魅力。在当前我国越发严峻的经济市场中，博物馆文化创意产品想要长久健康地发展，就需要对产品设计进行不断创新。由此，本书从以下几个方面对博物馆文化创意产品开发设计工作进行论述。

（一）创新文化产品的管理模式

相关设计人员在开发设计博物馆文化创意产品时，需要不断引进新理念与新技术，积极参考国外众多先进国家的管理模式，利用博物馆自身多元化的优质资源来提高文化创意产品的价值。除此之外，相关管理部门应该不断完善管理模式，以实现社会效益和经济效益为原则，让博物馆文化创意产品在发展过程中不断获得新活力。同时，要学会借助社会力量解决文化创意产品开发设计过程中资金短缺的问题，以推动产品设计工作有效持续开展。[①]

（二）完善相关法律法规

众所周知，良好的经济政策能够有效促进文化创意产品不断发展，基于此，博物馆在运行发展过程中想要推动文化创意产品稳步向前，就需要制定完善的发展策略。在此过程中，首先，相关政府部门要结合当前市场情况，以及博物馆文化创意产品的发展情况，完善相关法律法规，为文化创意产品的设计开发以及市场发展提供保障。其次，博物馆在运行发展过程中应该重视文化创意产品的设计开发工作，针对产品开发设计工作建立完善的考核机制，激发设计人员的工作积极性，为文化创意产品的开发设计工作提供良好的工作氛围。

（三）创新产品形式

就产品而言，它是由一定结构与物质材料组成的，具有一定的功能性，而且是通过人开创造的。从当前我国产品的主要生产方式来看，主要分为工业设计与手工设计两种，其中工业设计涉及众多内容。博物馆要想在当前产品类型众多的经济市场中占有一席之地，就需要充分考虑消费者的购物体验，以消费者为主体，在生活美学的视域下，开发博物馆文化创意产品，促使博物馆文化创意产品能够走入人民群众的生活当中。当前，我国博物馆文化创意产品的类型众多，涉及创意生活类、体验类以及馆藏复制品类等，在众多类型中想要对博物馆文化创意产品进行创新，可以采用人人参与的方式，使博物馆文化创意产品不再拘泥于一种固定模式，帮助人们通过消费文化创意产品来"自我实现"。例如，博物馆可以采用文化体验型的文化创意产品方式，使人们能够亲身体验到产品的创意设计工作，并且能够将自身设计转换为实际文化创意产品，提高人们对文化创意产品的

[①] 阴鑫. 中国博物馆文化创意产品开发研究——以北京故宫博物院为例 [D]. 开封：河南大学，2016.

热情，为推动博物馆文化创意产品不断发展打下基础。

（四）加强人才建设

结合当前我国博物馆开展文化创意产品设计工作的实际情况来看，普遍存在人才匮乏的情况，这会导致博物馆文化产品的创新设计工作受到严重的制约。基于此，博物馆应该积极引进专业人才，建立完善的人才引进机制；与此同时，还应注重对自身文化创意产品设计队伍开展定期培训工作，以提高设计人员的创新能力与专业水平。博物馆还应充分利用自身资源，跨领域、跨部门对文化创意产品进行开发设计工作，为开发设计工作注入源源不断的活力，促使文化创意产品不断创新发展。

综上所述，在我国旅游文化业高速发展的今天，相关设计人员在开展博物馆文化创意产品的设计工作时，需要不断引进新理念，创新产品设计，以便使博物馆文化创意产品在当前形势越发严峻的经济市场中长久发展，充分发挥博物馆的公共教育职能，使人民群众能够充分领略我国文化的魅力。

三、遗址类博物馆文化创意产品的开发设计

随着社会的不断发展，人们对文化的要求越来越高。我国作为一个历史悠久的大国，拥有非常多的保存历史遗迹的博物馆。遗址类博物馆是大遗址保护中一种常见的类型，大遗址保护园区中一般会设有展示宣传遗址出土文物及文化内涵的博物馆，如河南三门峡的虢国博物馆和西安秦始皇兵马俑博物馆等。

（一）遗址类博物馆文化创意产品开发设计的意义

遗址类博物馆是对文化的一种保存，随着时代的发展变化和社会教育发展的需要，博物馆从原来的主要陈列藏品的宝物库变成现在对公众开放的观赏学习型博物馆。博物馆的研究功能和藏品展示作为博物馆的主要功能，本身就带有很强的历史性。我国是一个历史悠久的国家，博物馆对历史长河中的一些文化可以加以保存和传递，特别是遗址类博物馆，一般都建立在遗址旁，人们站在博物馆的门口，就有一种穿越时空回到那个年代的感觉。博物馆文化创意产品是蕴含丰富

的博物馆精神内容积淀的文化商品，是博物馆利用自身资源，通过开发和营销进行的一个推广博物馆文化、增强自身收入的重要载体，是实现文化事业与文化产业融通、社会效益与经济效益双赢的关键一环。

第一，有利于推广博物馆文化。我国拥有很多著名的博物馆，但是要认知某一类博物馆的特点是什么，要怎样记住这个博物馆，就需要博物馆创设一个标签，即打造一个品牌。比如，人们一提起兵马俑就能想到西安秦始皇兵马俑博物馆，这就是品牌的力量。博物馆文化创意产品能够将博物馆的文化特色融入文化创意产品之中，增强游客对博物馆文化的感知，让游客对博物馆的文化有更深入的认识。而且还可以将所有的文化创意产品作为一种标签保留在博物馆内，来见证博物馆与不同时代的碰撞。第二，有利于增加博物馆收入，实现经济效益与社会效益双赢。博物馆是一个非营利性的机构，资金主要依靠政府扶持和社会支持，博物馆内的日常开支、文物维护、保护设施维修、展览规划的费用不足等都会限制博物馆的发展。收费型博物馆的压力相对较小，而免费开放的博物馆的压力则比较大。博物馆文化创意产品的经营能够帮助博物馆减轻一些经济上的压力，提供一个收入渠道，而且有利于传播博物馆文化，可以说是经济效益和文化效益的完美统一。第三，有利于促进文化的传播和发展。博物馆的展览陈设就是一个让广大人民群众学习吸收优秀文化的过程，博物馆内的很多藏品都具有极高的文化研究价值。历史是一个特别厚重的词语，人类想要了解历史文化，观察和研究历史遗址是一个传承优秀文化很好的途径。博物馆文化创意产品富含博物馆的文化特色和地域文化特色，这也是传承文化的一种方式。

（二）遗址类博物馆文化创意产品开发设计的问题

1. 文化符号不足，产品同质化严重

遗址类博物馆是一个文化意味非常丰富的机构，遗址类博物馆文化创意产品应该富有遗址类博物馆的特色或者地域特色，而且要具有鲜明的特点，它与其他的遗址类博物馆有本质的区别，因为其有独特的文化符号。遗址类博物馆文化创意产品不只是商品还是文化品牌，21世纪是一个重视个性的时代，特别是"90后""00后"消费群体，张扬个性几乎成为他们的标签，所以他们更喜欢那些带

有个性特点和文化创意的小品牌，这就需要遗址类博物馆对馆内藏品、遗址类博物馆文化进行深度剖析，挖掘文化特色，进行精心设计。博物馆文化创意产品除了要体现遗址类博物馆的特色，还要注重继承遗址类博物馆文化，要具有时代特点，若干年后遗址类博物馆文化创意产品或许就是另外一种对遗址类博物馆历史的纪念。要最大限度地挖掘文化价值，避免出现同质化现象，导致文化创意产品的价值降低。

2. 市场定位模糊

遗址类博物馆文化创意产品是针对市场进行的文化产品开发，需要有一个清晰的市场定位，而且要遵循市场发展规律，做好市场调查。商品依赖于受众，因此要把握消费者的心理。对于消费能力低的游客，要有专门的销售渠道；对于消费能力高的游客也要有专门的展览区。也要注意把握价格定位，应有针对性地面向消费群体，如喜欢买纪念品的游客和爱好小清新制作的文艺青年等。大部分文化创意产品的实用性较低，不能激发消费者的购买欲望。遗址类博物馆也属于旅游景区，我国部分旅游景区内的商品价格偏高，而且实用性较低。这容易给游客留下一个较差的印象，所以在遗址类博物馆文化创意产品的设计方面可以着重加强文化创意产品的实用性来赢得消费者的偏爱。

3. 知识产权未得到保护

遗址类博物馆文化创意产品同质化严重的一个重要原因就是未注重对文化创意产品的知识产权保护。目前，建立文化创意产品知识产权保护的遗址类博物馆少之又少，遗址类博物馆文化创意产品之间争商标权、专利权的案件屡见不鲜。在经济时代下，遗址类博物馆自身必须承担起管理自主知识产权的责任，聘请法律顾问、外包知识产权的管理职能或者设立专门的知识产权管理部门。文化侵权现象时有发生，这不仅仅会使遗址类博物馆文化创意产品同质化情况加重，更严重的是这背后对文化创新的抛弃，导致自主创新能力降低，这是一个可悲的现象。对遗址类博物馆来说，在打击侵权盗版的同时，文化创意产品开发的脚步也绝不能停止，提升作品品质，增加他人侵权的成本费用，是防止他人侵权的一个有效途径。

4. 经营管理不足

产品的销售除了需要考虑市场之外，还需要考虑经营管理，也就是宣传、营销、售卖和售后服务。目前在遗址类博物馆文化创意产品的经营管理方面还存在着一些问题，包括文化创意产品展列位置不佳；文化创意产品宣传力度不到位，宣传方式单一；馆内文化创意产品卖场的陈列布局呆板，展柜设计无创意，商品摆放杂乱无章，无法激起游客停留购买的欲望；服务态度冷漠等。遗址类博物馆是一个文化底蕴丰厚的机构，售卖遗址类博物馆文化创意产品是文化效益与经济效益的结合，所以在宣传的过程中不能影响遗址类博物馆的正常开发，可以选择富有遗址类博物馆特色的方式进行宣传，也可以利用互联网产品进行营销宣传，其范围更广，受众面积更大；售卖和售后阶段一定要注意服务态度，要强化工作人员的服务意识，真诚微笑服务。

（三）遗址类博物馆文化创意产品创新设计的策略

1. 优化产品设计

开发博物馆文化创意产品最重要的环节就是设计。良好的设计不仅能为产品带来美观的外形，更能将博物馆的文化与产品融为一体。优化博物馆产品设计的第一个重点在于创新，这就需要博物馆加强对设计人才的培养和保护，专业的设计人才能够做出精美、富有创意的设计。

目前，博物馆文化创意产品开发设计面临的一个尴尬问题是博物馆内熟悉文物的工作人员并不精通设计，甚至不知道要如何进行设计，博物馆内缺少专门的产品设计师。但是如果将产品设计的任务交给专门的团队，又需要向其支付一笔高昂的设计费用。所以，博物馆需要注重培养文化创意产品设计人员，加大奖励力度和提高待遇，吸引设计人员来博物馆任职；还可以充分利用各大高等院校、职业学校各类设计、艺术、美术专业的学生的创意智慧，每年开展全市范围内的文创征集比赛，来发现优秀文创设计人才，提升文创设计开发水平，不断创新创意文化产品设计。

博物馆文化创意产品不仅富有极强的纪念价值，还具有丰富的文化内涵，与博物馆的文化紧密相连。但是在设计产品的时候有的博物馆只是简单缩印博物馆建筑或馆内陈列藏品就将其作为文化创意产品，在消费者看来这只是一种敷衍，未能有效延伸文化符号的内涵，造成了元素资源的浪费。更有个别博物馆对自身馆藏价值缺乏深入研究，只是一味模仿，缺少让人眼前一亮的特色。另外，目前博物馆文化创意产品的实用性极低，一般是一些明信片、书签、扇子之类的文化创意产品，所以广大消费者的喜爱度较低。除了挖掘有文化内涵的资源之外，还要注重挖掘与人的现实生活关系密切的文化资源。因此，要将文化创意产品融入生活，在注重文化内涵的同时强调实用性、趣味性，让原本遥不可及之物变得可感可用，让传统文化变得鲜活生动。文化创意产品的设计需要融入博物馆文化和当地文化，避免出现文化创意产品同质化严重的情况，这就需要对产品做一个清晰的品牌定位。比如，对消费者要分层，对于文艺青年、普通游客、博物馆研究人员、学生、收藏爱好者等都要有针对性地设计不同的文化创意产品，富有个性特色，以满足不同群体的需求，必要的时候还可以提供私人定制服务。三星堆民俗系列盲盒（图 3-4-2），对三星堆青铜像进行了造型上的处理，使其变得更加可爱、造型多变，同时这组三星堆文创结合了当地的民俗特色，让文物显得更加生动，更具有生活感、亲切感。

图 3-4-2　三星堆民俗系列盲盒

2. 艺术授权，保护知识产权

博物馆艺术授权综合了艺术授权与品牌授权，具体内容包括藏品与主体建筑的数字图像资源、博物馆品牌等，具体方式包括图像授权、品牌授权、出版授权与合作开发。社会不断发展进步，人们的生活水平也日益提高，对于艺术文化这一类的精神需求也随之提升。文化竞争压力越来越大，对知识产权的保护意识也越来越强。博物馆文化创意产品是一个富有文化特色的商品，需要加强对知识产权的保护，要在不断完善知识产权保护体系的基础上促进博物馆艺术授权的顺利开展。在艺术授权时代，文化创意产品的开发设计更合法，为文化创意产品的发展扫除了障碍，可以提高博物馆文化生产的价值，实现博物馆文化宣传的功能。

3. 依托互联网营销平台

产品销售的一个重点在于营销，有效的营销策略能够让更多的人了解产品，有了最基本的了解才会有购买的欲望。产品的营销一直以来都是提高市场份额的关键。就博物馆文化创意产品而言，首先需要打开市场，也就是让更多的人知道博物馆内的文化创意产品，了解产品背后的故事，以此来吸引消费者的注意力。虽然营销宣传的渠道较多，但是效果各不相同，尤其在互联网时代，网民规模整体正在保持平稳增长。所以在进行市场营销宣传的过程中可以依托互联网平台，充分利用互联网受众面积广、宣传范围大等特点进行宣传。而且还可以将产品的设计和制作过程拍成短片在互联网上播放，让消费者进一步了解文化创意产品背后的故事，从而吸引他们的注意力，激发他们的购买欲。

4. 加强经营管理

从管理体制上看，需要加强和改进管理体制，一个完善的体制能够保证工作的顺利开展，目前无论是产品的设计研发、创新开发，还是营销服务，都在管理的大体制框架内进行。文化创意产品是文化价值与经济价值的统一体，博物馆内部的商品管理经验是比较少的，因为博物馆一直以来都是一个非营利性机构，缺少对商业化产品的管理经验，所以需要不断积累相关经验；从经营方面看，需要丰富产品的营销手段和加强售后服务，在网络极为发达的今天，营销渠道多种多样，无论是广播、电视，还是报纸、网页都有它独特的营销之处，依托互联网平台进行营销是一个方便快捷又富有成效的营销方式。营销管理还可以通过建立会员制的大数据分析法来进行分层推广，针对不同的群体制订不同的营销方案：文艺青年更偏爱产品的文化底蕴，普通游客可能更在乎产品的纪念意义，年龄偏大的游客更在乎产品的实用价值，孩童更在乎产品的趣味性等。为此可以根据市场调查对每一个群体进行研究，有针对性地进行产品设计和宣传。而且在宣传的时候要注意针对有效受众群体，从而达到一个高质量的宣传效果。售后服务更多的是强调服务态度，博物馆是一个文化底蕴丰厚的机构，会面向社会上的所有人开放，但不是所有人都有意愿购买博物馆文化创意产品，这就需要服务人员在销售和售后服务中一定要平等、微笑、热情地对待每一位顾客。

综上所述，当代博物馆文化创意产品仍处于一个成长阶段，还存在很多不足，需要进一步完善调整。本部分内容从遗址类博物馆文化创意产品的开发创新角度分析了博物馆文化创意产品的发展现状，并有针对性地提出了发展建议。博物馆文创产品的开发和创新有利于博物馆文化的传播，有利于知识产权的保护，有利于文化创新发展，还有利于博物馆文创产业的发展，所以应对文创产品的设计、营销予以高度重视。现在是文化竞争时代，对博物馆文化创意产品进行开发创新，不仅有利于实现博物馆经济效益和文化效益的统一，还有利于增强文化自信，弘扬中华优秀传统文化，继承发展优秀文化，推动社会经济文化协调发展。

四、"互联网+"背景下博物馆文化创意产品设计

（一）"互联网+"背景下博物馆文化创意产品设计趋势

推出"互联网+"行动计划以来，该计划得以快速发展，目前已经普及到了各行各业，产生了广泛的影响。融合"互联网+"和文创设计有助于博物馆创新开发文化创意产品。对于一般大众而言，运用新媒体可以更迅速、更便利地了解博物馆的信息。同时，透过文化创意产品的互动体验，还能更生动地体会博物馆珍藏的宝贵历史文化。因此，设计博物馆文化创意产品呈现以下趋势。

1. 互动分享

2019年年初，腾讯视频联合三星堆博物馆和金沙遗址博物馆，推出了一款名为"修复文物 遇见文明"的H5主题活动，该活动经过微博、微信等移动端媒体广泛传播从而被大量分享。这个H5呈现了文物修复过程的线上互动方式，并利用3D建模等技术逼真地还原了三件文物，分别是三星堆金面罩青铜人头像、

陶三足炊器和金沙遗址太阳神鸟金饰。用户通过选择需要修复的文物，跟随屏幕上的指引进行滑动操作，可以观看到3D动画模拟文物修复的全过程。需要注意的是，用户在使用过程中会对比当前修复用时和实际修复用时，这种时间对比可以直观地揭示文物修复者的艰辛，从而加强人们对文物修复的关注，并增强对文物保护的认识。在互动结束后，用户还能收到限量版博物馆门票，让人们更加深刻地感受到文物所承载的千年历史和文化底蕴。数字媒介的创新融合有利于文化创意产品的广泛传播。

2. 平台联合

近年来，故宫文创业务蓬勃发展，得到了多个平台的联合支持。故宫出版社和奥秘之家合作推出了一本备受瞩目的书籍，名为《谜宫·如意琳琅图籍》（下称《谜宫》），如图3-4-3所示。这本书是故宫首推的一本创意解密互动类书籍，通过摩点文创众筹平台独家发售。利用实体书、解锁道具和App三者的巧妙融合，打造了一种全方位的互动阅读方式，这就是《谜宫》所展现的创新阅读体验。这本书不仅提供了一种解密的乐趣，还能让人们领略到故宫的历史知识。尽管故事情节是虚构的，但书中提到的人物、建筑、文物等都是真实存在的。读者可以从这些具体的事物中获得历史文化知识，而且这些知识都可以被考证和确认。待完成网上任务后，读者可以参观故宫，解锁线下秘密任务。这能让读者有机会从虚拟世界走入真实生活，亲身体验历史。故宫的创新尝试为文化创意产品带来了新的探索方向。

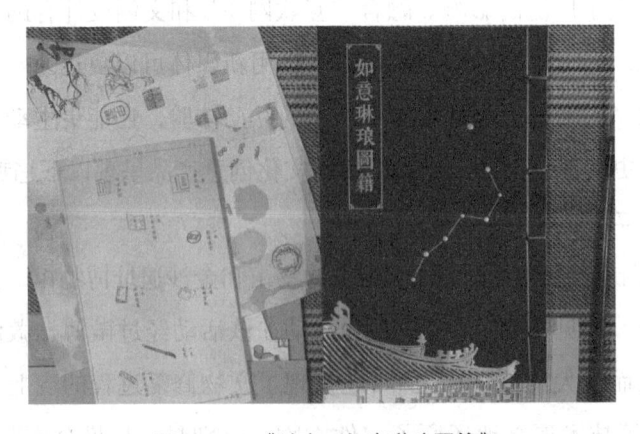

图3-4-3 《谜宫·如意琳琅图籍》

3.品牌助力

如今跨界联名已成为品牌推广及销售最有效的方式之一，各大博物馆可谓在跨界联名上下足了功夫。尤其在2018年春节期间，国家博物馆联合肯德基在全国18个城市推出了不同主题的"线下博物馆"活动。该活动将17件国宝级藏品融入各个主题餐厅的设计中，从视觉到内容，无不体现着国宝背后深刻的文化底蕴，并通过新型科技手段让消费者与国宝在线互动，零距离对话国宝。而在2019年天猫超级品牌日期间，故宫联合奥利奥，推出了融汇中西的"宫廷御点·中华六味"限定礼盒（图3-4-4），所有海报乃至包装插画都遵循故宫建筑特色以及著名的馆藏文物。[①] 中国式的画风搭配具有帝王风范的文言文宣传语，以及用蕴含古代气息的产品命名，都体现出了浓厚的宫廷风格。这些跨界合作表明，当前文创正朝着创新的方向发展。通过生动有趣的创意表达方式，它能深刻展现出中国传统文化，从而成功地将中华文化传播到世界各地。

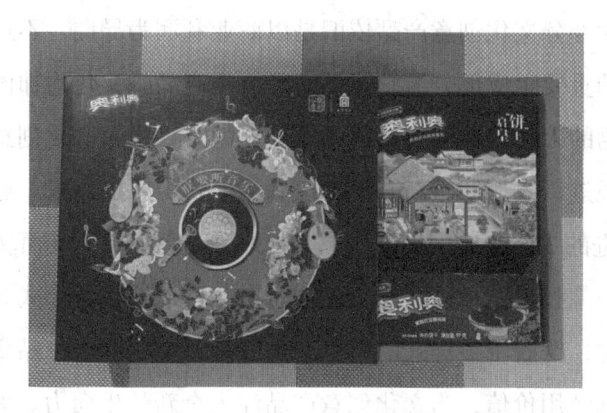

图3-4-4　奥利奥+故宫《朕的心意》

（二）"互联网+"背景下博物馆文化创意产品设计创新突破

1.利用新媒介进行资源整合

随着"互联网+"的兴起，博物馆文创设计迎来了更多的发展机遇和挑战。当前，文化创意产品设计面临的主要问题在于如何善用"互联网+"为其提供更多的效用和功能。博物馆的单一力量难以满足不同的消费需求。为了突破文化创

---

① 周坤，刘勇.浅谈博物馆文化创意产品开发设计发展思路[J].教育观察（上半月），2017，6（13）：143-144.

意产品设计的限制,博物馆需要积极开展合作,利用新媒体,开拓新视野,促进文创产业之间的深度融合,以更好地适应互联网时代的发展要求。当前,移动互联网普及率较高,手机移动端凭借其便捷、迅速、高效等优势成为传达博物馆文化信息最有效的渠道之一。无论是App还是H5,都因其丰富的互动方式备受用户推崇。此外,它们的传播和普及性也具有很强的优势,能够吸引大量的人群。通过将文化资源与移动媒介有机结合,可以达到资源优化配置的目的。用户积极参与和交流分享,可以推动博物馆文化知识的传播,使其与传统文创区别开来,让用户获得全新的情感体验。

2. 融入新科技,丰富产品内容

随着数字技术的迅猛发展,传统文创产品虽然在美学和文化内涵方面得到了具体体现,但在内容呈现上还是缺乏创新。因此,需要将新科技融入其中,以丰富产品内容。文化创意产品的实用性是至关重要的,但具有商业性也是其主要目标之一,因此大部分文化创意产品依旧是以商业利润为导向。不过,产品的内容也是文化创意的重要组成部分,它能更好地展现产品的文化附加值。为了改变现状,需要将文物的人文特色和故事内涵以全新的方式注入文化创意产品,并利用新技术对其外观进行改造和重新开发,以满足形式美感的需求。通过结合流行的移动设备和先进的3D或VR技术,可以将文化创意产品从平面转为立体。借助移动端和虚拟图像技术,平面类的文化创意产品可以在设计形式和内容方面更加丰富且更具变化,摆脱单一样式的限制,有利于让文化创意产品变得更为生动有趣,同时提升其利用价值,为文化创意产品注入全新的生命力。大英博物馆罗塞塔风暴瓶(图3-4-5),设计灵感来源于罗塞塔石碑,承载时光印记,穿越时空的罗塞塔石碑沉默不语,温柔篆刻着美好时光。罗塞塔风暴瓶使用玻璃制作,手工吹制,表面细腻温润、富有光泽。上面刻有古埃及罗塞塔文字,采用烫金贴花工艺,充满古埃及神秘气息。木质底座,既可放置摆件又平稳。罗塞塔风暴瓶中含有硝酸钾、氯化铵、蒸馏水、乙醇、樟脑,当瓶中液体清澈干净时,代表天空将晴朗无云;当瓶中液体混浊朦胧时,代表天空也将多云阴郁;当瓶中出现结晶时,代表将降温甚至下雪。

图 3-4-5　大英博物馆的罗塞塔风暴瓶

3. 引进新人才，凝聚多方创意

随着消费需求的不断扩大，文创设计师的压力也随之急剧增加。公众已经厌倦了千篇一律的文化创意产品。然而，由于部分文化创意产品存在实用性低、趣味性不足以及缺乏互动等诸多"瓶颈"，文创设计的进一步发展受到了限制。因此，我们需要改变观念，招揽更多新人才，汇聚众人之力，特别需要激发社会大众的创造性思维，让大众共同参与到博物馆文创产品的设计中。利用互联网平台，可以发起文创设计比赛，通过社交媒体和官网发布征集信息，促进信息的传播和交流。这样可以吸纳优秀创意并了解消费者的需求，从而推动文创产品的创新设计。

在"互联网+"的推动下，文化创意产品设计摆脱了传统设计的限制，探索并创造出了更为多样化的设计形式。除了增加传播方式，还大大提高了产品内容的丰富程度，并通过多种跨界融合方式全面满足了当今的消费市场需求。随着新时代的到来，博物馆文创设计需要充分发挥"互联网+"的优势，促进博物馆与大众之间的互相交流，推出更有趣且具有历史文化知识的互动文化创意产品，以此促进博物馆文创事业创新发展。

（三）"互联网+"背景下博物馆文化创意产品设计方向

1. 注入文化内涵

博物馆文化创意产品设计的特殊之处在于其注重文化元素的体现，购买者不仅能得到一件产品，更能感受到该产品承载的历史意义与独特情感。博物馆展品源远流长，内涵丰富，我们应充分挖掘文物中的文化价值，将其转化成能够同时满足人们物质和精神需求的文化产品，并将其打造成一种文化符号，来体现一种文化态度。在"互联网+"背景下，文化创意产品已经不仅限于传统的出版和复制产品，还涵盖了游戏、历史人物、卡通形象等电子产品，以及App等软件系统的开发。

举例来说，北京故宫博物院充分运用互联网技术，在其"故宫淘宝"网站上展现了非凡的创造力。这项创新超越了传统文物简单模仿的形式，是在贴近生活的产品如手机壳、便笺纸、帆布包等日常用品中增添了富有内涵的创意设计。这些产品不仅实用，还极具文化价值。网络游戏既是一种受众广泛且形式轻松愉快的艺术表现形式，也是文化创意产品的一种有效表现方式。如大英博物馆网站上设有"游戏"板块，此板块以有趣的方式来激发人们对馆内展品的兴趣，同时以游戏形式使人们深入了解博物馆文物背后的历史知识，兼顾娱乐与学习。

2.跨领域合作

博物馆文化创意产品设计师要具有开放的思维，积极探索与其他行业的合作，以求获得更多机遇和灵感，促进文化创意产品的发展。巫·喀秋莎蓝牙音响（图3-4-6），是声音美学品牌——巫和故宫宫廷文化的跨界联名产品。巫·喀秋莎蓝牙音响，是一台集合西洋与古典审美的模拟功放音响，一台不加美颜和滤镜的高还原音响。歌曲《喀秋莎》描绘了俄罗斯春回大地时的美丽景色和一个名叫喀秋莎的姑娘对离开故乡去保卫祖国的情人的思念。那么音响喀秋莎所代表的就是能够"用优美的声音将演奏者和歌手的真情实感传达给听众"。用"互联网+"的方式，将全球变成一个紧密连接的整体，可以让品牌和领域之间相互融合，从而使博物馆文化创意产品的设计具有更广泛的可能性。

图 3-4-6　巫·喀秋莎蓝牙音响

3.注重用户体验

体验导向的博物馆文化创意产品注重打造与消费者之间的沟通桥梁，以让消费者深入了解产品设计理念为目标，并提供交互设计使用户能够更加深入地参与其中。体验式文化创意产品设计的成功与否，取决于它能否满足人们与产品之间有效的交流需要。

（1）建立多元的文化体验

与单一的文化展示相比，文化体验需要通过感官和行动来获得。为了让博物馆文化创意产品更好地传达其理念，其设计需要综合考虑视觉、听觉、嗅觉等多个感官体验，而不仅仅限于外观的设计。除了形态、颜色，产品的功能和其他方面也需要进行设计，从而打造出多样化、多感官的传播手段。

（2）建立互动式文化体验

创建互动式文化体验是让顾客参与到文化创新产品的创造过程中，使顾客在体验过程中表达自己的情感并获得愉悦感，从而实现个人满足。在当今博物馆文化创意产品的设计过程中，消费者不再是单纯的接受者，他们更愿意积极参与文化创意产品的创作，将自己的情感与创造力融入其中，共同打造出具有独特性的作品。在博物馆文化创意产品的制作过程中，消费者与之互动，并通过感知、接受、交流，最终加深对藏品文化内涵的理解。

（四）"互联网+"背景下博物馆文化创意产品的推广方式

1. 营销方式从线下到线上

"互联网+"时代，博物馆文化创意产品的推广已经从线下拓展到了线上。移动互联网成为重要的推广渠道，它不仅能够作为博物馆文化创意产品的传播媒介，还能够使信息在不受地域限制的情况下流动。随着互联网和智能手机的发展，全球消费者可以方便地在网上购买各种博物馆文化创意产品，无论他们身处何地，均可以随时随地选择自己喜欢的商品，并通过在线支付方便快捷地完成购买行为。同时，博物馆文化创意产品还可以创造在线运营平台，并通过吸引目标流量的方式来实现产品的有效营销和宣传。

通过线上营销，可以建立一个用户社区来推广博物馆文化创意产品，并且从消费者的视角来营销博物馆文化创意产品，从而让博物馆文化创意产品更具影响力、吸引力和传播力。利用微博、微信、App等社交媒体平台作为传播媒介，对博物馆文化创意产品进行宣传推广，有利于激发公众的购买欲望。

在线下，可以积极策划实体文化创意体验馆和展览活动，同时举办文物及创意产品的巡回展览和交流，此外还可以通过线上营销活动，增加消费者与产品的接触机会，让他们更深入地了解文化创意产品的多元功能和藏品文化价值。

2. 从单一产品到形成产业链

在"互联网+"背景下，博物馆文化创意产品的发展已经不仅仅是设计师的工作，而是需要多方合作以形成完整产业链的过程。文化娱乐产业融合了微博、微信和各种应用程序，推动了博物馆文化创意产品的发展。如今，在互联网的支持下，博物馆文化创意产品已经实现了多方合作，包括创意设计、资源供给、政策联系、品牌推广、市场营销等方面，并逐渐形成了一个完备的产业链，这一产业链包含了产品设计、开发与销售等环节。

3. 从宏观视角把握发展方向

从宏观的角度来看，在"互联网+"背景下，需要进行大量的市场调查，从消费者的体验感受、设计形态和服务态度等方面来了解消费者的购买心理。然后从消费者的角度出发，进行多元化的文创开发和推广。"互联网+"为博物馆文化创意产品的宣传推广带来了创新性的改变，博物馆藏品的传播方式也实现了多元化、系统化的发展。设计师将博物馆藏品蕴含的文化价值融入文化创意产品，同时采用线上和线下相结合的方式，全面推广这些产品，有利于促进博物馆文化的传承和发展。

第四章 多元视角下文化创意产品设计

本章为多元视角下文化创意产品设计,依次介绍了传统文化元素与文化创意产品设计、多感官体验与文化创意产品设计、仿生设计与文化创意产品设计、文化新经济与文化创意产品设计、非遗文化与文化创意产品设计、色彩文化与文化创意产品设计六个方面的内容。

第一节 传统文化元素与文化创意产品设计

市场上文化创意产品丰富多彩,各具独特之处。文化创意产品是在特定文化环境中被认可并创作的作品,包括但不限于广义的各种创作形式。狭义上说,它是指具有传统文化符号的商品。在设计领域中,传统与现代设计是相互交融、相互影响的关系,两者既相互吸收,也相互渗透。因此,在当代设计中,将传统文化元素与现代创作理念相融合至关重要,只有正确厘清它们的关系,才能实现传统文化元素符号与文化创意产品设计之间的协调发展。

一、传统文化元素符号的应用原则

(一)区域民族性原则

民族地区的文化继承一直是一个备受关注的话题。文化创意产品的发展能够改变少数民族的文化发展状况,让其文化不再封闭落后,从而促进地区的发展和繁荣;还能够改变在一定的时间和空间范围内自己内部享用,为本乡或本族的普通百姓服务的生活所需的模式,改善原先的乡土性质,突破随民俗生活自然传习的惯性并打破时空的界限,使文化创意产品被他族的人群接受。传统文化元素符号和文化创意产品的结合，可以看作将民族文化引入"他用"的领域，以促进文化传播和消除对民族地区原有认知上的"神秘感"。同时，它也为文化内部带来了新的动力。发展文化创意产业在促进民族地区文化传承方面起着重要的推动作用，同时也为该地区提供了一种全新的发展路径。过去，民族地区的"物质产物"往往只服务于小众群体，且存在孤立性。而现在，这些产物以一种产业化和商品化的方式呈现出来，得到了更广泛的展示和推广。文化创意产品与传统文化元素符号之间是相互促进的关系，二者互为补充，相得益彰。将独特的传统文化符号元素融入文化创意产品设计已成为设计师不可或缺的核心要素。这种设计趋势既符合文化创意产品的特点，也具有独特的功能和属性。川剧变脸娃娃（图4-1-1）灵感来源于川剧变脸。川剧变脸是一门综合的艺术，具有新、奇、快、爽的特点。川剧变脸是运用在川剧艺术中塑造人物的一种特技，揭示剧中人物内心思想和感情的一种浪漫主义手法，在川剧中是很绝的一门技艺，是四川独有的中国国粹。变脸娃娃的变脸原理主要基于一种简单而巧妙的机械结构设计：娃娃的头部包含多层薄膜，每层上都印有不同的脸谱图案，头部内部安装了一个可旋转的圆筒或圆盘结构，每个脸谱都连接到这个旋转结构上，帽檐通常连接到一个简单的机械触发装置。当按下帽檐时，内部结构旋转，将当前脸谱收回，同时将下一个脸谱展现出来。这种设计巧妙地将传统川剧变脸艺术的神秘感与现代玩具制造技术相结合，创造出了既有文化特色又富有趣味性的旅游纪念品。

图 4-1-1　川剧变脸娃娃

(二)认知性原则

从一开始的"师法自然"到现在的"和谐共生",我们可以看到,文化创意产品始终强调生命与自然之间的共通点和相互关系。这种共性贯穿了整个文化创意产品的设计过程。要将传统文化元素应用于文化创意产品中,就必须经过选取、提取、重构、组合等环节。而在这个过程中,最重要的任务是对传统文化元素符号本身进行充分理解并对其文化内涵进行准确区分。

这种认知关系还维持了功能和形式之间的相互平衡。就像蝴蝶效应一样,两者之间的相互影响会导致人们对文化创意产品的审美需求产生变化,最终形成现今简约和奢华两种不同的审美态度并存的局面。"寸印扬州"桌面收纳设计(图4-1-2),灵感来自扬州非物质文化遗产——雕版印刷技艺,利用雕版印刷间隔凹凸的语义,将扬州口语以木版印刷为载体巧妙设计成桌面收纳产品,既唤醒了扬州文化记忆,又融入了当代生活文化的情境。

图4-1-2 "寸印扬州"桌面收纳设计

二、传统文化元素符号在应用过程中存在的问题

(一)"文"与"创"的不平衡

目前,市面上的文化创意产品种类繁多,表现形式也多种多样。然而,在这些丰富多彩的文化创意产品中,却存在"文"与"创"不平衡的现象。有些文化创意产品中仅应用了"文"的含义,载体中也是在"文"这个特点上处处做"文章",将各种类型的元素糅杂在一起,随意排布。尽管这种表现形式从表面上看

来没有任何问题，但是仔细思考后我们会发现文化创意产品中"文"的堆积过多，与"文""创"平衡协调的产品之间相差较大。同样的，仅有"创"的产品也是如此。

（二）"形"与"意"的不均等

在使用传统元素符号时，我们通常会注重它们的"形"而非"意"，也就是利用其外观表达其内在含义。过于强调外在形式而忽视内在含义或者凭空想象出一些意义的产品缺乏合理性，而过于注重寓意的文化创意产品则缺乏实质性的支撑。许多流行产品在强调意义时并不重视形式，人们只关注这些产品传达的寓意，而忽略了其中传统元素的形式美。在提取元素时，我们需要考虑传统元素背后的历史和文化背景，包括文化禁忌等。

三、传统文化元素符号在应用过程中的解决策略

在当今社会环境下，传统文化元素符号可以与文化创意产业相结合，从而开辟出新的领域，为传统文化元素符号设计提供良好的契机，进而促进优秀传统文化的复兴。

（一）产品符号的再造

我国拥有悠久的历史，而随着历史的发展产生的是深厚的民族文化，这种文化的独特性能够为进行文化创意设计提供坚实的支撑。传统文化元素符号要应用到现代产品设计中，必须经过再造的手法。这种再造手法包括两个方面：一是精神层面，即通过重塑心态来对人的精神和思维产生影响；二是物理方面，可以直接对某些传统结构进行改造，以形成全新的实体。这种创新方法能让产品焕发生命力，既保留文化元素的传统特色，又进行革新，让产品具备更强的综合实力和鲜明独特的风格。

（二）材质的选用

在现代设计中，尽管新技术得到了广泛应用，但如果仅仅用它来替代传统的手工艺术，就会使传统具有的优势变得平凡。因此，选择合适的材料至关重要。一方面，可以确保设计产品既传承传统文化符号的精华，又不失现代感。另一方

面，新型材料可以为传统工艺带来许多创新机遇。工业化大生产的兴起，并未使传统工艺没落。相反，它推动了传统工艺的进步和发展。当事物发展到一定阶段，就会经历本质性的变化，从而促使人们产生深刻的思考。这种变化可以被描述为传统与现代的融合，它们之间相互关联并在矛盾中创造新的价值，有利于将原来的"无聊枯燥"变得更加"生动有趣"。

（三）"一物一心"即匠心

何谓工匠精神？它的意思是工匠将自己的心血倾注到每一个产品中，以追求卓越的品质和精细的工艺。这种精神不仅包含了对技艺的执着追求和对细节的不懈关注，也反映了一种对生命和创造的热爱和敬畏。如果一个人专注于研究一门艺术，未来就一定会成为有专业水准的艺术家。如果想让自己的事业做得完美，就需要全力以赴、毫不动摇地坚持下去，这样才能实现超越梦想、成就辉煌的目标。工匠文化和精神已经贯穿在生产、设计和生活的方方面面，并且已成为一种独特的内涵和文化。在文化创意产品的设计中，工匠精神体现在对产品外观设计的精益求精和对附属品传统元素的精心提炼与雕琢中。尽管每个时代寻求的目标不同，但精益求精、精雕细琢的工匠精神却是始终不变的。

"创新"一词是指对材料、工艺、造型等要素的全新探索，是对文化创意产品的一次"革命"。由于对传统文化的信仰和对其背后文化与精神的珍视以及传承的渴望，"创新"这一概念才得以出现。然而，真正具备工匠精神的人却不轻易谈论创新。对传统的认知和坚守越深入，对创新的理解和探索就越慎重。每个时代都具有独特的创新风格，必须基于传统和现实需求，借鉴先贤、迎合时代，才能实现所谓的"创新"。例如，故宫猫调味碟（图4-1-3），以故宫猫为设计灵感，将其饱满憨厚的背影刻画于调料碟上，可爱乖巧。制作成下陷造型，每将酱油缓缓倒入，故宫猫的背影就会呈现于料碟之中。不同位置的深浅也呈现出了猫身上的纹路，是一件实用性与观赏性兼具的产品。

传统文化元素的象征意义是不断演变的过程，我们应该持一种辩证的态度来看待和接受传统文化的价值，并不是所有的传统元素符号都适合被采纳或利用。对于这些珍贵的传统文化遗产，我们应该以辩证的眼光来看待，取其精华，去其糟粕。正确地处理传统文化,并将其应用于文化创意产品设计中,而不是简单地罗列或扭曲传统文化元素,这样才是真正地尊重传统。

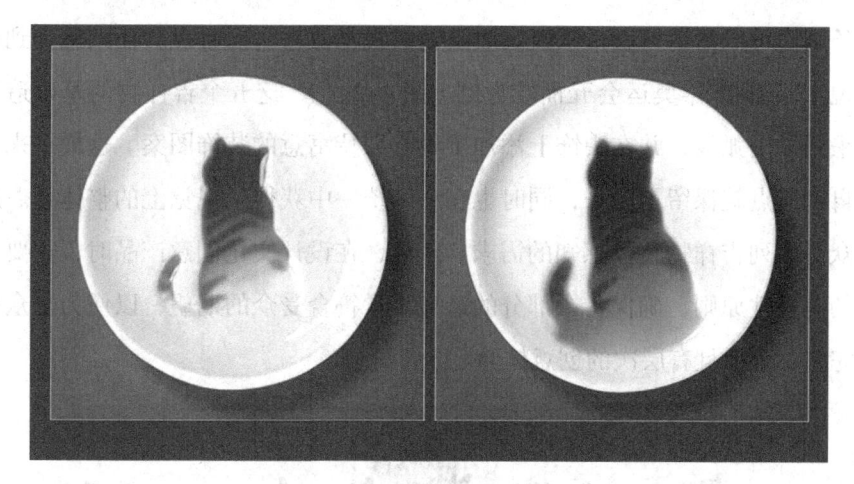

图 4-1-3 故宫猫调味碟

第二节 多感官体验与文化创意产品设计

一、视觉感官设计应用

(一)视觉色彩的应用

色彩是一种无声且有力的元素,它能够在潜移默化中影响人们的情感和心理,不同的色彩组合会传递出各种不同的情感和思想。在文化创意产品中,色彩是非常重要的,例如日本文化创意品牌"熊本熊"的形象,其鲜艳的色彩就是吸引消费者购买的关键因素。设计师为突显熊本县的特色,使用了熊本县主要的黑色色调,同时在熊本熊脸颊上加入了萌系图案中经常使用的腮红元素(图4-2-1)。熊本县被称为"火之国",因为它拥有丰富的火山地理,这也使得红色成了该地区的象征色彩。此外,熊本县独特的红色食品也进一步加强了这种象征意义。熊本熊的整个身体都被黑色覆盖,这更凸显了它脸颊上的粉红腮红,从而让它那可爱、天真的形象更加突出,深受人们的青睐。

（二）视觉造型的应用

视觉形态在文化创意产品设计中扮演着重要的角色，巧妙的造型塑造和生动的线条风格可以给消费者带来极具吸引力的视觉效果，同时也会让人感受到舒适和愉悦。以2008年奥运会五福娃为例（图4-2-1），这五个吉祥物的基础造型单位都采用了圆弧线，并在头饰上添加了具有独特寓意的装饰图案。这样一来，福娃各自的特点就保留了下来，同时也在和谐统一中获得了视觉上的整体感。这符合受众对系列吉祥物整体感知的需求。因此，在设计文化创意产品时，需要遵循一定的完整性原则，确保各个部分的造型要素符合受众的期望，以便为受众呈现一个完整、全面且有层次的创意体验。

图4-2-1　2008年奥运会五福娃

二、听觉感官设计应用

（一）听觉包装

听觉包装可以利用听觉元素在产品设计中进行包装，包括添加背景音乐、使用简短的广告语等。这些听觉元素的作用通常可以增强受众对产品的认知、印象和体验。这种包装方式常见于儿童玩具和某些电子产品中。孩子们探索欲望较强，对于新事物充满好奇。在儿童电子乐器中，常常会设置各种按钮，按下按钮就可以发出有趣的旋律。另外，听觉包装还可以通过设计产品的结构或使用特殊的材料来产生独特的声音效果，从而塑造出品牌独有的听觉识别元素。当我们打开可乐瓶时，由于碳酸饮料的特性，瓶外会发出一种"咻"的声音，这一声音已经成为一种独特的听觉识别特征。又或者使用特殊纸张印刷的书籍，在翻页时会发出与普通纸张不同的响声，从而吸引读者的关注。

（二）视觉与听觉相结合

在确保产品外观和包装能产生良好的视觉效果的同时，可以通过改进材料和结构，让产品在使用时发出高质量、舒适的声音，从而为用户带来独特的视听感官体验。与单纯的视觉传达相比，沉浸式体验可以更好地满足人们的需求，这种设计方式同样适用于产品和包装设计中。这是一种更适合消费需求的设计趋势。西安文创夜灯（图4-2-2），灵感来自暮鼓晨钟，是对先鼓楼设计语言的提取。唐朝时期，暮鼓宵禁，夜幕降至，人们开始休息。这款夜灯正是通过人们睡前敲击灯盖进行开关，提醒使用者作息规律。该款设计非常巧妙，迎合了现代人的使用趣味。

图4-2-2　西安文创夜灯

三、触觉感官设计应用

（一）触觉包装

触觉包装的设计与材料的质感、纹理、肌理、软硬度以及整体造型等方面相关。每个物品都有一个独特的组成结构，不同的材料和形状会给人们带来截然不同的触感体验。随着科技的进步，包装已经不再局限于传统的工业材料上，许多新型材料正在逐步应用于产品包装上。现今，市场上的许多家电外层开始采用布面、仿木纹等表面材料，这样可以使外观更加丰富多彩，用户也会有更多的选择余地。

（二）视觉与触觉结合

可以将材料属性和产品外观设计结合起来。当我们接触酒瓶时，我们会注意到它是磨砂的还是光滑的，而当我们使用收音机时，我们会注意到它是棱角分明的还是圆润的。不同的感觉会给我们带来不同的视觉和触觉体验，并且能进一步影响我们对产品的认知和使用感受。举个例子，与金属相比，布面和木质纹理的材质在视觉上更具温暖柔和的效果，并且手触摸时也不会有冰冷的质感。太行山土鸡蛋包装（图4-2-3），整体礼盒包装分为三层呈现，内层是以长形竹篮形式做包装固定；第二层以棕色亚克力材质包装在盒面以错落排版形式展现文字内容，增添包装动感，契合年轻消费者审美特征；最外层的银灰色包装延续一致的视觉语言，立体烫印工艺给予用户更直观的触感，同时衬托出礼盒的高级品质。因而，在设计过程中应同时考虑这两种感官体验特征，以实现使用体验的多元性。

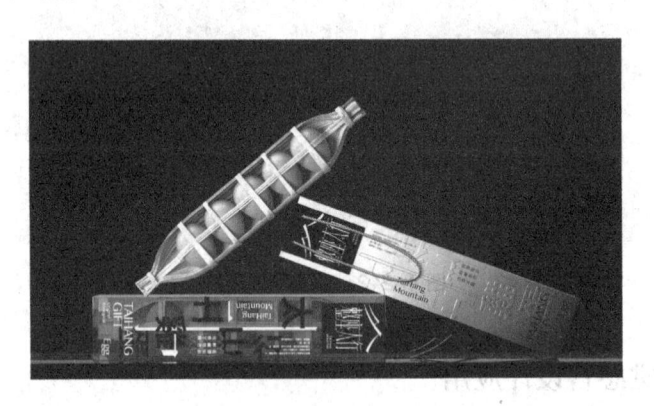

图4-2-3　太行山土鸡蛋包装

四、嗅觉感官设计应用

一般情况下，气味比视觉图像更具记忆力和影响力，并且在大脑中留存的时间更长。气味不仅能营造氛围,而且可以再现特定场景的气味,能够唤起用户的嗅觉感受,勾起用户过去的回忆,使其产生情感上的共鸣。通过嗅觉感受到的气味可以与品牌、文化产生联系,这样文化创意产品就能为用户带来更丰富的体验。

(一)现有的嗅觉运用方式

有一种直接利用嗅觉感官的文化创意产品(图4-2-4、4-2-5),即香氛产品,这些产品包括液态香氛和固态燃烧香等,产品的主体就是气味。而另一种类型是产品自身没有气味,通过添加与产品同主题气味的熏香来获得。在书店里,香氛机不停地散发着自然的精油香气,这种香气会呈现在用户购买的产品上并持续很长时间。这种嗅觉体验是以低调的方式将文化、价值观传递给用户。

图 4-2-4 苏州博物馆水仙清供香氛摆件

图 4-2-5 泰山云海玉盘

(二)嗅觉在文化创意产品中运用的展望

日本已研发出了一种装置——香气相机(图4-2-6),可以记录并模拟、复制各种味道,还可以让人感受到玫瑰花的香气、香蕉的甜美以及各种刺激性气味。这一技术可以广泛应用于文化创意产品中,为文化创意产品提供了使用嗅觉元素的机会。通过监测和模拟香气,并结合手机应用和特殊香材,相信在未来5~10年里,气味记忆将会像照片一样普及。可以捕捉并储存不同的香味,并将其传递给朋友,与更多人分享,成为流行的回忆方式。文化创意产品应用嗅觉相关技术,可大大增强其传递文化和城市印象的能力。

图 4-2-6　香气相机

五、味觉感官设计应用

在文化创意产品中，味觉主要被应用于食品类产品中。在一些创新型食品包装设计中（图 4-2-7），通过视觉插画或特殊材料来表现食物的口感，已成为一种成熟的多感官运用方式。

图 4-2-7　香蕉、苹果牛奶包装设计

如果食品的包装设计圆润柔和，消费者可能会觉得其口感也较为柔和；相反，如果包装设计棱角分明，消费者则可能会将其与更具刺激性的口感联系起来。人们会习惯性地将低饱和度的颜色与清淡口感联系在一起，而将鲜艳明亮的颜色与浓郁口感联系在一起。这种预期联想已经存在了很长时间。而且这种视觉和味觉的关联还可以被用于文化创意产品的营销中。很多人认为视觉比文字更能直观地传达信息，因此将文化创意产品的口感用视觉形象来包装和展示，比起用文字描述更能引起消费者的注意，让他们对产品留下更深刻的印象。

除此之外，味觉记忆还可以使进食行为与周围的物质环境形成相对稳定的联结，将味觉融入文化创意产品设计之中，个体的生命记忆就能够融入社群记忆（城市文化、印象、价值观）之中，为消费者提供更为深刻的体验。

城市文化创意产品的主要目标是传递城市文化，提升用户的记忆和情感体验。相比之下，多感官文化创意产品的竞争力在于其强大的"体验感"。在设计产品时，需要充分考虑用户的身体感官和情感需求，以促进更多的交流互动和情感共鸣。这种注重多感官体验的产品，能够提供更具趣味性和关怀性的用户体验，代表了未来市场的发展趋势。

第三节 仿生设计与文化创意产品设计

随着社会的发展，人们越来越注重文化生活，文化创意领域的产品设计水平也在不断提高。将文化创意产品与仿生设计相结合，可以更好地体现出产品的自然属性，更符合现代人的需求，也更容易赢得受众的认可和喜爱。因此，将这两个元素结合在文化创意产品的设计中，具有极其重要的价值和意义。

一、仿生文化创意产品的现状

当今社会，人们的生活水平不断提高，因此对文化旅游、创意设计等领域的兴趣日益增加。然而，当前的仿生文化创意设计却缺乏多样性和可变性。文化创意产品设计的主要宗旨是在融合传统文化元素的基础上创造出更具创新性和独特性的文化创意产品。然而，目前市场上的文化创意产品虽然结合了许多设计元素，但在仿生设计方面仍缺乏独特的创意。例如，仿生设计仅用于明信片等产品，缺乏差异化，或纯粹模仿某种生物制作工艺品，缺少创新。

二、仿生设计在文化创意产品设计中的应用

（一）形态仿生设计的应用

形态仿生设计是指在文化创意产品设计过程中，通过简化或者模仿生物的外

部特征，并运用艺术手法将该元素应用于设计中。这种设计方法主要包含以下三个方面。

1. 具体形态仿生

具象形态仿生指的是对自然界中各种生物的形态进行变形、夸张等艺术手法处理，使其形态与实际事物相似，并能在视觉上产生强烈的吸引力。利用仿生学的原则来设计文化创意产品可以增强其创新力和独创性。这种设计理念可以被应用于各种文化创意产品中。例如，将自然界中的花卉、鸟类、鱼类、昆虫等元素的外貌特征与手机壳、钥匙扣、杯子、书签等物品的形状相结合。敦煌乐舞八音盒（图4-3-1），灵感来源于莫高窟的壁画。轻轻扭开通往欢乐的"机关"，舒缓曲调慢慢流泻而出，舞伎缓缓旋转，随音乐翩翩起舞，这一刻，她仿佛从浸润着古老气息的壁画中飞跃而下，穿越历史长河轻盈舞动到观者身边降落，在观者眼前展开一幅千年前热闹欢乐的乐舞图景。此图景从此不再是被封印在石窟里的一个文化符号，而成了近在咫尺的陪伴。

图 4-3-1　敦煌乐舞八音盒

2. 抽象形态仿生

抽象形态仿生是以事物的外形为基础，通过总结和提炼，采用变形和夸张的方式来创造新的形态特征。这种仿生方式能让仿生对象不再局限于自然形状，而是以"神似而形不似"的形态呈现出来。

3. 意象形态仿生

意象形态仿生是将事物的形态和意义结合起来进行设计，使文化创意产品不仅能在视觉上呈现出自然的美感，同时还独具寓意和象征意义。这种形态仿生的重点在于对事物的外形进行深入分析，发现外形与产品之间潜在的联系，并通过比较来建立仿生对象与文化创意产品设计之间的联系。举个例子，故宫积木兽印收纳盒（图 4-3-2），设计理念不仅考虑了瑞兽形象的特点，还借鉴了瑞兽的吉祥意义，产品分为狮印款、龙印款、锦鲤款，都出自故宫博物院的馆藏。

图 4-3-2　故宫积木兽印收纳盒

（二）结构仿生设计的应用

结构仿生设计能够将事物与文化创意产品紧密结合，并将其有机地融入产品设计中。在仿生设计中，通常会将植物的根茎、动物的肌肉纹理、骨骼结构，以及自然景观的细节特征融入产品设计之中。举个例子，青花瓷扩香器（图 4-3-3）对传统青花瓷进行重新设计，将其承物功能转换为扩香器，又与传统雕刻技艺相融合，是多种文化的交融设计，具有审美性和实用性的统一，另外材料选用扩香木，又具有新中式风格。

图 4-3-3　青花瓷扩香器

（三）色彩仿生设计的应用

色彩仿生被广泛应用在文化创意产品设计领域中，其有着非常重要的地位。在仿生设计刚开始的阶段，必须将外观和颜色有机结合起来。文化创意产品设计可以运用大自然中的显性色彩，因为人们对同一种颜色在不同环境下的感受是有差异的。例如，运用花朵的鲜红、树叶的翠绿等色彩，北京故宫博物院推出腰牌卡（图4-3-4）供游客选择。腰牌卡上两条龙的颜色设计非常大胆，十分醒目。在古代，官吏会佩戴腰牌作为其出入的"通行证"。现在，北京故宫博物院以腰牌的作用和颜色为灵感，结合实际推出了可以用作公交卡套和行李牌的产品。这一产品明亮的颜色深受大众欢迎。

图 4-3-4　故宫博物院腰牌卡

(四)功能仿生设计的应用

功能仿生设计是利用自然界中生物的运作方式和材料的特性进行设计和改进的。比如春秋时期，鲁班运用锯齿草叶片的特性创制了锯子。通过发掘一些景观建筑的独特属性，能够设计出具有开瓶（图4-3-5、4-3-6）、挡门等功能的工具；或者根据某个景点独有的特定鸟类设计出哨子；或者利用当地特有的莲花形状打造储物架；又或者把博物馆内的画作印制成帆布包，这些实例都结合了功能仿生和文化创意。

图4-3-5 建筑开瓶器　　图4-3-6 苏州博物馆　青辉开物开瓶器

总的来说，文化创意产品在满足广大消费者的审美和购买需求方面扮演着极其重要的角色。生物仿生将生物的特性与产品结构相结合，应用于实际的产品设计中。在具体应用中，仿生设计与文化创意产品设计之间并没有太多的限制，将二者结合可以创造出独特的效果。

第四节　文化新经济与文化创意产品设计

随着人们生活水平的提高，越来越多的人对文化创意产品的精神需求比功能需求更为强烈。简单来说，人们为了获得更好的视觉和感官享受，更乐于选择更精致、价格更高的产品。传统文创产业在文化新经济时代面临着巨大的转型机遇，因为消费者的消费心理已经发生了改变。

一、文化新经济概述

现今,高新技术的进步和工业化对全球经济和社会发展产生了深远的影响,新经济已经依靠技术和知识占据了世界经济的主导地位。文化新经济是一种新型经济模式,其核心驱动力在于文化元素,主要依靠促进文化消费来推动经济发展,最终目的是实现产业转型升级。文化新经济具有独特的内涵,它通过关注经济发展来寻找并提取文化元素,并将其与存量经济体制相结合,从而赋予其新的活力。总的来说,文化新经济重点考虑的是经济增长的量性指标,将文化元素提取出来,并与新的方式融合。文化新经济为文化创意产业的发展提供了指引。

以美国迪士尼为例,其先是将影视形象提炼出来并将每个形象元素标准化,接着将这些标准化的卡通形象置于迪士尼餐厅、迪士尼乐园等各种产品中。这就是"后商品时代",通常采用授权经济模式来经营此类商品。美国迪士尼的文化创意产品是以迪士尼卡通人物形象为原点进行设计的,这些人物形象可称为迪士尼的目标文化。在文化新经济时代,文化创意产品设计的关键在于发掘和应用目标文化元素。

二、文化新经济下文化创意产品的设计原则

从文化新经济的角度讨论文化创意产品的设计工作,就是产品如何产生最大效益反向推导产品的设计工作。文化新经济概念描述的特征表现为:首先,文化经济的高度融合和统一,文化须结合资本、技术、产品等要素融合发展,各要素之间相互渗透,所以很难将文化或文化产品单个区分对待和研究;其次,融合文化和创新发展已成为文化创意产品的核心竞争力。综上,提炼出以下三个文化新经济下文化创意产品应遵循的设计原则。

(一)绿色设计原则

在人类漫长的发展历程中,工业设计促进了现代生活的发展和环境的改变。与此同时,人类消耗的资源也越来越多,地球的生态平衡已经被打破。在从文化新经济角度进行考虑时,应强调对文化创意产品进行绿色设计,也就是在产品的

整个生命周期中，除了保留其功能外，还要减少对环境的污染和节约能源。在文化创意产品的选材、加工、包装和产品全生命周期内，要考虑其可拆卸性、可回收性、可维护性和可重复利用性等。藤是一种耐用的环保材料，在一千多年前的中国有一种工艺叫"南海藤编"，是人类文化的一部分。"让藤回归到年轻人出行生活中"是"南海藤编"文创包（图4-4-1）设计的宗旨，设计师希望通过设计让年轻人重新了解"藤"材料独特的魅力，加深年轻人对"南海藤编"文脉的认知，弘扬、继承、延续非物质文化遗产，让传统文化更好地保留下来。

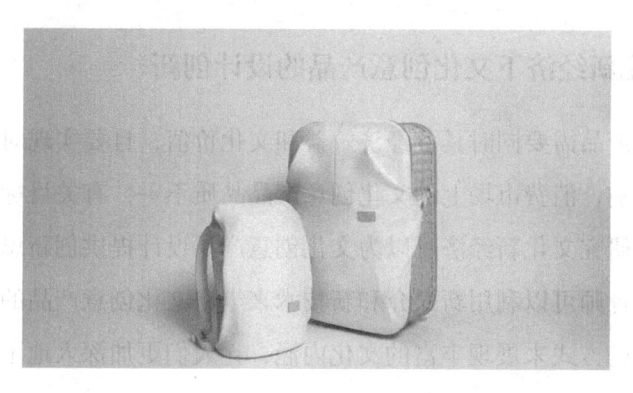

图4-4-1 "南海藤编"文创包

（二）倡导更加科学的生活方式

文化新经济主要为人提供服务和产品，推崇人们采用更加舒适、科学的生活方式。所以，工业设计师在设计产品时一定要遵循这一原则，确保设计的任何产品和服务都符合这一理念，以此来服务受众群体。文化创意产品同样如此，在文化新经济的快速发展和科技进步的推动下，人们对生活质量的追求达到了新的高度。因此，文化创意产品在引导人们养成更科学的生活方式方面具有极为重要的意义。

（三）以目标文化为核心原则

文化创意产品以目标文化为服务对象。它可以作为消费者和文化之间的桥梁，帮助人们学习和传承目标文化。使用文化创意产品的过程也是一种融入目标文化的过程。在文化新经济的背景下，每个文化目标都像市场竞争下的品牌，都有自己独特的文化特点。目前，随着人们收入水平的不断提高，人们越来越喜欢追求个性化定制产品，开始追求时尚潮流。而目标文化正好迎合了人们的心理需求。因此，文化创意产品的设计和开发应以目标文化为中心，确保设计的产品与目标文化相符，以传承目标文化。以故宫文化创意产品为例，产品的核心元素是故宫文化，设计出来的文化创意产品就具有极强的针对性。这些产品传承了故宫文化的精髓，因此在面向故宫文化爱好者的消费市场上，这些产品往往销量较高。

三、文化新经济下文化创意产品的设计创新

文化创意产品需要同时具备经济效益和文化价值，且要实现对传统文化的传承和创新。当前，消费市场上的文化创意产品品质不一，有关目标文化的研究成果相对较少。研究文化新经济可以为文化创意产品设计提供创新思路。在文化新经济时代，设计师可以利用新媒介和新技术来丰富文化创意产品的形态，从而使其以更现代化的方式来展现丰富的文化内涵，让人们更加深入地了解文化创意产品。综合以上内容，总结出以下两种创新方式，可以用于文化创意产品的开发。

（一）结合新媒介创新

在传统媒介环境下，文化创意产品的营销方式主要是直接推销。而在文化新经济的环境下，新媒介的出现使文化创意产品的营销需要更加深入地思考产品本身、新媒体传播内容以及用户需求之间的关系。通过巧妙地制造与消费者亲近的网络新媒介传播形象，可以赢得消费者的信任和喜爱，从而实现营销目标。在文化新经济的背景下，数字媒体被广泛应用，扩大了文化创意产品与潜在消费者的接触范围。借助现代化媒体手段的传播途径，文化创意产品能够以最高效的方式被广泛传播。

（二）结合新技术创新

经济和产品的进步往往由新技术推广和带动。在文化新经济的背景下，3D打印设备和虚拟现实设备的价格越来越低，技术也越来越成熟。这些设备正在受

到越来越多的文化创意产品设计师的青睐，与技术的碰撞将为文化创意产品设计带来意想不到的机遇，并且会为使用者带来新体验、新感受。安徽博物院的冶铸文物盲盒（图4-4-2），灵感来自中国古代青铜冶铸技术，以现代手工香皂的制作过程为载体，重现中国古代青铜器的冶炼和浇铸过程。通过还原两千多年前战国时期各诸侯国铸客赴楚铸造的工艺，使用香皂模拟，让顾客可以在家中安全便捷地体验古楚铸客的铸造过程，通过产品了解我国铸造历史及文化，体会古代劳动人民的智慧。

图4-4-2　安徽博物院的冶铸文物盲盒

第五节　非遗文化与文化创意产品设计

非物质文化遗产是人类珍贵的精神和物质财富，是人类智慧长期积淀的结晶。作为中华文化的象征，非物质文化遗产在发展和传承方面亟待关注。虽然经过国家和社会各界的共同努力，我国的文化遗产保护工作已经取得了显著成就，但还面临着许多挑战，形势极为严峻，不能过于乐观。例如，冷门非遗产品销量低迷、产品守旧缺乏创新、无法赢得当代群众的喜爱等，这些问题都阻碍了非遗文化的持续传承与发展。在这一点上，文化创意产业也面临同样的问题。通过将非遗文化融入文化创意产品中，可以实现非遗文化在现代社会中的传承和再现。通过将非物质文化遗产与文化创意产品相结合，可以展示非遗文化创新的具体方法，进而增强产品的经济与文化价值。

一、非遗文化创意产品设计中存在的问题

（一）产品的文化性与实用性失调

在设计文化创意产品时，应该将实用性作为第一考虑因素，虽然文化创意产品传递了文化情感，但其更应该被视为一种物质产品。相较于常规物质产品，文化创意产品拥有更加多元化的种类，这是由其内部蕴含的文化意义决定的。

目前，文化创意产品的主要类型包括手机壳、抱枕、文具盒、纸扇等，但它们与非遗文化元素之间缺乏有效的联系和互通性，因此消费者难以从这些产品中感受到对应的非遗文化内涵。

（二）产品的价格相对较高

手工制作的非遗项目需要耗费大量时间和精力，所以成本较高，设计出来的产品价格也较为昂贵，超出了大部分消费者的承受范围。但是如果将非遗产品投入工厂量化生产，就很难保持非遗标准和独特制作工艺，同时还会缺少创新，难以吸引消费者的购买欲望。

（三）产品的品牌意识薄弱

与流行文化相比，非遗文化受到的关注度较为有限，受众更少。非遗产品的生产制作主要是在少数小规模的作坊及工厂进行的，知名度较低。目前来看，对非遗产品的开发仅仅停留在政府主导的抢救性保护工作上，而在非遗产品的开发和品牌塑造方面，文化企业还没有发挥主导作用。许多非遗项目的传承人受教育程度低，或生活在偏远的地区，对非遗的了解不够深刻，保护意识较弱，欠缺对品牌意识的认识。

总体来看，非物质文化遗产的资源开发相比其他行业较缓慢，其产业化过程中缺乏系统性的、长期的规划工作，未能形成循环的生态性产业格局，同时具有只重视个别单项产品开发的局限性。

（四）产品的推广体系不健全

随着网络技术的发展，人们可以在家中买到所需的商品，而传统的非遗工艺

品通常只会在文玩市场和展览等小型活动中出售,销售范围较小,受众面积有限。因此,为了推广非遗文化并建立品牌,需要采用更多的平台和方式。

二、非遗文化创意产品的创新设计特点

(一)文化性

文化创意产品的核心在于文化,文化是不可或缺的元素,同时也是一个地域的象征。合理提取非遗文化,再用新颖的方式进行呈现,不同的载体能体现出更高的文化价值。这种融合了传统和现代元素的表现方式,展示了民间艺术家的巧妙构思,同时也在一定程度上突显了当地浓厚的民俗文化内涵。如蓝夹缬衍生品(图 4-5-1),其沿承温州非遗——蓝夹缬的传统印染技艺,对传统图案和材料进行大胆创新,将传统纹样图案注入现代时尚元素后应用在不同的载体之上,如日常用品、服饰首饰、文人书签等,使之成为具有文化气息的现代手工艺品。

图 4-5-1 蓝夹缬衍生品

(二)创新性

只有不断创新,才能丰富文化创意产品的种类。产品定位应该随着人们审美需求的变化而不断更新,并与人们的生活紧密相连,以实现最大的纪念价值和收藏价值。如川剧娃娃(图 4-5-2),很好地再现了川剧变脸的过程,在玩偶的脑袋四面各有一张脸,只要轻碰一下它的帽子,娃娃就能变一次脸。每个川剧变脸娃娃都可以变出喜、怒、哀、乐四种表情。当游客在成都的锦里、宽窄巷子等景点

观看完变脸演员的现场表演后，面对如此新颖可爱的玩偶，想不掏腰包都难。

图 4-5-2 川剧娃娃

（三）可行性

文化创意产品的品质能体现出可行性。为了保障纪念品的品质，必须杜绝粗制滥造的现象发生。粗制滥造不仅会影响纪念品的实用价值，也是不尊重中国传统文化的表现。因此，在设计纪念品时，可行性是首要的考虑因素。传拓是我国历久弥新的传统技艺。以纸和墨为原料，将纸张紧覆在金石器物上，用墨扑印，把器物之上的文字与图样拓印在纸张上的一套技法。此法主要应用于金石器物上，如拓印碑刻墓志、青铜铭文、玉器、瓦当图案、画像石、铜器器型等，故称金石传拓。河南博物院的传拓盲盒（图 4-5-3），是通过模拟具体过程来更加深入地帮助人们理解具体的文化传承是如何展开的。

图 4-5-3 河南博物院的传拓盲盒

（四）情感性

为了让消费者有归属感，产品设计需要考虑消费者的情感需求，将传统文化与现代元素相结合，以营造情感共鸣。这不仅能让产品更贴近消费者，也能在满足时尚需求的同时，让消费者感受到家的温暖。每种产品独有的设计理念和思路都包含了一段独特的故事，不同产品能满足不同消费者的情感需求。如闻森笛（图4-5-4），是一种简易乐器，取原木为材。使用时"不需任何指法"，运用喉咙哼唱的方式发出声音，即可演奏出任何歌曲，声音听起来像萨克斯风或小喇叭。选用台湾的八种珍稀动物为形，造型与不倒翁玩具的特点相结合，风格简单，富有趣味。

图 4-5-4　闻森笛

三、非遗文化创意产品设计的实践思路

首先，在推出非遗文化创意产品后，在线下初售期建议控制好产品的供应量，在小范围内限定产品销售量并邀请少数人群进行购买评价，来引发公众的好奇心，然后逐步扩大产品供应规模。还可以根据销售情况有针对性地调整非物质文化遗产创意产品的生产量，以便最终能够实现广泛销售。

其次，需要利用在线平台来拓展线上渠道。可以在线上为用户提供材料包，协助他们体验手工制作的乐趣。用户通过亲自动手制作，可以深入体验手工艺的独特魅力。随着网络的普及，即使无法亲临现场的人也可以通过购买材料包等渠道来参与手工类非遗项目，享受手工制作的乐趣。

如今网络被应用于各个领域中，其显著特点是具有便捷性。对于非遗项目，设计和制作材料包是一个更加简便快速、传播范围更广的方法。传承人可以根据产品特点，确定所需材料的种类和数量，并将其组合成相应的材料包。成熟的设计师的设计可以显著增强材料包的视觉效果，并提高实际销售量。除了手工体验所需的材料外，教程也是手工制作必备的资料。针对一些制作过程相对简单的产品，仅需在材料包中附上操作指南即可。有些手工制品比较复杂，需要向用户提供电子教程或演示视频。为此，可以在材料包中放置二维码链接，用户可以通过扫码观看视频教程，了解制作过程，达到体验手工艺之美的目的。这种方法也能让更多的人了解并传承非遗文化。在此期间，可以逐渐为非遗文化产品建立良好的声誉，不断吸纳客户，深入了解客户需求，最终使其站稳脚跟并占领市场。

通过消费来支持某种产品或服务是最有效的保护方式之一。为了保护和推广非物质文化遗产，可以利用优秀的设计方法来呈现文化的精髓，并将其以文化创意产品的形式呈现给公众，这无疑是一个行之有效的解决方案。

第六节　色彩文化与文化创意产品设计

色彩可以帮助人类观察世界、了解世界，同时也可以在绘画、设计和审美等方面发挥重要作用。自河姆渡和仰韶时期开始，人类就开始利用色彩记录生活，如矿物和植物的色彩。通过观察人类的历史可以发现，所有的心理模式都是源于特定的文化背景。丰富的文化内涵通过生活中一些色彩现象得以体现，从而构成了一套独具特色的色彩文化体系。中华文明历史悠久，传统文化有着独特的色彩元素，是现代文化产品创作中不可缺少的宝贵资源。对这些色彩文化资源的研究和应用，对当代文化的创意设计具有至关重要的意义。

一、融入中国传统文化思想的色彩观

人类对色彩的感知方式是非常丰富的，可以通过视觉系统、色彩词汇以及物理现象来理解和再现色彩的多样性和复杂性。中国的色彩审美经历了漫长的历史

时期，从最初的原始先民的单色崇拜，到后来开始使用石绿、朱砂等色彩颜料，再到虞舜时期形成五色体系，传统色彩一直在中国文化中扮演着重要的角色，在漫长的民族文明中不断发展。古代中国人对色彩的运用具有一种超越感官的精神意义，与西方分析光谱和色谱的理性思维大不相同。在中国文化中，色彩的认知建立在感官系统基础上，具有一种文化性的解释。在中国传统文化中，常常用"色彩"来代表"情感""物体""动物""季节"，比如绿色可以指代春天，红色可以指代热情。这表明中国人在色彩审美方面非常有深度，不仅关注颜色与环境的相互作用，也强调情感、时间和物质之间的关联。

中国传统色彩观念有强烈的封建情结，一些学者认为，自封建社会确立以来，色彩的真实本质已经不再受到保护。之后中国传统色彩形态开始转向精神层面。随着人们色彩自觉性的提升，显在的色彩活动逐步取代人类自觉的色彩形式，色彩的本能作用逐渐进入人类思想的深层，成为思想上的沉淀。于是中国古人的色彩意识由原始自发色彩象征逐渐转入精神层次的自觉色彩象征。

作为中华民族主流思想意识形态，儒家思想博大精深，是我国传统文化的精髓，在传统文化中占据着重要的地位。在艺术审美方面，儒家思想体现了中国传统色彩美学的包容性和含蓄性。我国古代帝王汉武帝就主张独尊儒术，此后以孔子为主导的儒家思想在中国历史上发挥着重要作用，深深地影响着每一代华夏子孙。儒家文化已经成为人类品格中的一部分。儒家非常重视中国传统文化中的色彩，研究颜色代表的精神意义。儒家文化已经内化为一种人文品格。儒家十分注重中国传统色彩文化，探寻颜色的精神象征，将传统五色与"仁、礼、德、善"思想体系相结合，其论著中常常借色喻理。例如，孔子在《论语·阳货篇》中说："恶紫之夺朱也，恶郑声之乱雅乐也。""郑声"是民里的俗乐；"雅乐"是朝会的正乐。按照五色学说来看，"朱"为正色，"紫"为间色，"紫夺朱"无异于"郑声乱雅乐"。孔子以正色与间色的关系来比喻社会中对"礼"秩序的破坏。儒家的色彩观受古人五色学说影响很大，主要是为了维护周朝建立起的色彩制度，强调"礼"的规范。从历史的服饰文化中可以发现，中国各个朝代都有其偏爱的颜色。秦始皇钟爱黑色；汉高祖偏好红色；紫衫白袍是隋朝高官的普遍着装；在唐朝，黄色被定为皇室专用颜色，平民百姓禁止穿戴带有赤黄色调的衣袍；在宋代，紫色备受推崇；清朝以黄色为贵重的象征，这主要受统治者色彩喜恶的影响。君王和平民在选择使用的颜色方面存在差异，这反映了人们对"礼"的重视。[①]儒家还有一个关于色彩美学的思想，就是通过色彩来表达美德，这被称作"比德"。我国传统戏曲文化表现出了对人物形象的重视，它通过运用单纯、夸张、鲜明的脸部色彩来刻画不同人物的性格与品德，不同颜色的脸谱暗示着不同的性格和品德特征。例如，黄色代表勇猛，红色代表忠勇，黑色代表刚直不阿，白色代表阴险狡诈。色彩在戏曲的运用中能够很好地塑造"典型人物形象"。这种典型的儒家色彩审美将传统的颜色观念纳入社会文化范畴，强调其道德伦理特质，在现代社会中仍然具有"寓褒贬、别善恶"的社会教化功能。在中国传统色彩中，"红"意为禧瑞，象征喜；"金"为中央正色，代表高贵光明。

二、色彩文化在文化创意产品中的应用

当前，文化创意产品在文化创意产业中扮演着极其重要的角色，其不仅是地方文化产业发展的核心推动力，同时也是反映地域政治、经济和文化的显著标志。目前实践是国内文化创意产品得以发展的主要方式，而且缺乏相应的理论支撑，从而导致在产品开发过程中出现形式过于相似、色彩不够考究、实际功能欠缺等现象。最主要的问题是文化创意产品中缺失对中华优秀传统文化内涵的恰当表达。2019年，中国传统色彩学术年会在北京召开。此次活动聚集了来自中日两国的30多位色彩专家和传统色彩喜好者。他们讨论了许多关于色彩的议题，包括色彩的历史、观念、色彩的应用以及颜料制作等。这次活动推动了中国传统色彩研究的深入发展，同时也宣扬了中华传统文化的魅力。另外，此次活动为国内现代文化创意产品设计行业注入了新的活力。在研究现代文创产品的色彩时，应该重视将传统色彩转化为现代风格，并注重色彩设计的隐喻意义和实用功能，以突出文化创意产品的独特性和文化特色。

（一）注重传统色彩文化的现代转化

在现代文化创意产品中使用传统色彩应该避免盲目的"拿来主义"，而是要

[①] 张尧. 基于博物馆资源的文化创意产品开发设计研究[D]. 苏州：苏州大学，2015.

进行科学的筛选和有效的现代化转化，以更好地满足现代消费者的需求。目前，文化创意产品设计可以大致分为三种类型：一类是通过高仿或再造文物来设计产品，这类产品需要依赖不断发展的工艺和技术作为支撑，创意相对较弱，如故宫博物院文创旗舰店的"云山墨戏图卷"的复制品；另一类是创意衍生品，这类产品将象征符号从参照物中提取出来并进行嫁接，运用现代数字媒体技术来制作的文创产品就是一种创意衍生品；还有一类是产品再创造，指的是对原有的图形元素进行重新组合，以此打造出全新的视觉形象，使其产品更具特色。例如，敦煌月影奔鹿茶杯套装（图4-6-1），吸纳敦煌壁画原彩作为杯身主色，石青石绿渐变如天空一般空灵静谧，土黄雄浑似大漠般厚重沧桑，黑色是颜料被岁月洗礼的痕迹，鹿王飞奔的剪影相伴，仿佛置身于敦煌多彩变幻的星空下。这些方法旨在探索传统文化与现代生活的相互融合的地方，保留其核心价值，并通过采用"陌生化"技巧来连接传统和现代，以实现文化的创新和发展。

图 4-6-1　敦煌月影奔鹿茶杯套装

首先，在综合了解传统色彩具有的特质的基础上，根据产品的特点找到对应的传统色彩加以运用。在过去几年里，国家博物馆的文化创意产品呈现出了蓬勃发展的态势。尤其是台北故宫博物院的文化创意产品，表现出了设计师非凡的设计水平，成功地将文物的文化意义从形式、思想层面进行了概括和融合，使之与当今时代相契合，创造出一种自身特有的文化创意产品设计风格。

其次，在进行色彩搭配时，需要重新分配色彩，以及色彩分布要均匀合理。例如，可以通过改变传统色彩在产品中的分配比例和使用面积，以创造出全新的视觉效果。"双连油醋瓶"（图 4-6-2）是一款文化创意产品，灵感来源于清乾隆时期的粉彩开光花鸟双连瓶，它如今安放在台北故宫博物院。设计师运用原有文物的配色方案，精挑细选颜色，整合调配，使色彩更为简洁明了，最终选定以蓝白相间为主要色调。通过保留瓶身传统元素与加入现代气息的设计，将传统珍宝转变为适合现代餐桌使用的调味瓶，既保留了传统美感，又具有现代生活元素。如果设计师完全照搬文物原本的图案和色彩，那么制作出来的产品可能会显得过时。重新分配传统色彩，一个以白身描蓝边，另一个以蓝身描白边，使两个瓶子成为非凡组合。这种独特的东方美学体现了丰富的历史文化和现代生活情趣。

图 4-6-2 双连油醋瓶

最后，要慎重考虑传统色彩属性与产品之间的联系，合理利用传统色彩，并视情况适度调整色彩属性。在中国古代的色彩搭配中，更注重表达精神内涵，而不是追求形式美。在西周时期，当时的统治者规定五色为宫廷和王室使用的正色。皇室为了彰显皇权和显赫的身份，通常会使用鲜明的色彩作为主要配色，并用金银色来进行装饰。这种审美趣味一直流传至今。故宫博物院推出一款造型独特、色彩亮丽的茶具套装产品，它还有一个好听的名字叫"晴空啼鸟"（图 4-6-3）。这款产品以故宫博物院藏紫漆描金翘头案上的团花元素作为设计灵感，从中选取灵动的绶带鸟形象，经过艺术化提炼，将绶带鸟的造型特征与茶具外形相结合，整体施以故宫红色釉料，加之翅膀上的金色鸟羽花纹，凸显宫廷华丽之风，呈现出现代美学与古典韵味相结合的逸致雅风。这使得故宫文化不再仅限于馆藏文物的展品序列，而是以现代的手法来传承和推广东方文化。设计师并未简单地模仿清朝宫廷传统色彩的搭配方法，而是提升了传统色彩的亮度与纯度，将历史文化元素转化成现代时尚设计，展现出了一种独特的美学魅力，同时也促进了历史文化的传播。这种现代化的处理方式，能让人们更好地理解和欣赏传统文化。

图 4-6-3　故宫"晴空啼鸟"茶具套装

（二）注重文化创意产品色彩设计的隐喻性

文化创意产品设计的本质是物的文化设计。在进行文化创意产品色彩设计的时候要注意色彩中蕴含的文化隐喻性。有学者曾经指出："色彩能够表达情感，这是一个无可辩驳的事实。"在中国文化中，红色被视为热情、欢乐、吉祥的象征，并且深受国人的喜爱和推崇。因此，红色在中国人心中有着独特的情感象征和美学意义。在庆祝节日时，通常会用红色作为装饰来表达喜庆的心情；结婚时，新娘通常会选择一件红色的礼服。在文学作品中常常表达对红色的喜爱，如运气好被形容为"红运"，用"红颜"一词来形容漂亮的女性，被信任或重用的人被称为"红人"等。这种色彩寓意由来已久，传说神农氏称自己为炎帝，其中的"炎"指代红色；刘邦在建立汉朝后，将自己称作"赤帝之子"，这些都是红色的类比运用。人们所处的环境、接受的文化教育，或者宗教信仰都有可能影响自身的审美感受和审美观点。在更深入的研究中还发现，古代人常常以色彩的视觉效果来形容人物形象，比如在民间就有"女红、妇黄、寡青、老褐"等话语。这些充满色彩感的词汇实际上是指代不同年龄层的女性，穿红戴绿一般描绘的是青春少女形象；黄色的服饰或头巾装扮一般刻画的是少妇形象；以青色刻画孤寡者，给人一种庄重的感觉；对于年长者来说，通常使用储墨或棕色来刻画。还可以根据人们对"红、黄、青、棕"颜色的感知来表现生活中的具体场景。这样一来，颜色被赋予了一种它原本不具备的含义，有了具体的象征性意义。

故宫博物院推出了一款被称为"万紫千红便笺纸砖"的文创产品（图4-6-4）。该产品的设计灵感来自故宫博物院中的一件文物，它是一只白釉珐琅团锦花纹盖罐，此文物通体施白釉，画珐琅彩花，颈部、腹部及盖子上描绘着大小各异的团锦花纹，这件文物展现出了非常强的艺术魅力，启发了设计师的创作灵感。设计师运用传统色彩的搭配形式，并融入传统色彩文化的内涵，使设计的文化创意产品传达出美好的寓意。在强调产品美感的基础上，显著提升产品的品质和风格，深受消费者青睐。

中国的色彩文化和传统文化紧密相连，是中国人审美意识的核心，也是表达和体现中国思维和逻辑的重要方式，同时也带有强烈的地域特色。

现代文化产品设计产业必须保持创新，在紧跟国际潮流的基础上，重视本土化的发展，从中国传统文化中汲取灵感。挖掘传统色彩的含义对我国传统文化的传承和弘扬具有深远意义，这不仅有助于设计师进行创作，还有助于购买者更好地理解中华传统色彩语言，从而构建中国特色产品色彩设计体系。

图 4-6-4 万紫千红便笺纸砖

第五章 文化创意产品设计的创新与应用

本章为文化创意产品设计的创新与应用,分为三部分内容,依次是文化创意产品设计的发展趋势、基于体验经济的文化创意产品设计、新媒体背景下文化创意产业的发展与传播。

第一节 文化创意产品设计的发展趋势

现在发展态势是未来发展趋势的依据,未来发展趋势是现在发展态势的延续,这是以发展动力演化为基础的。在全球化和经济文化一体化的背景下,许多国家已将文化创意产业作为国家发展战略的重点。这些国家基于其本地产业基础和特色,创新制度和推动战略,以科技创新加大对产业的支持力度,并积极扩大其国内市场和推进国际化发展,有利于进一步增强本国产业的实力和竞争力。全球文化创意产业将在运营上进一步集约化、在空间形态上进一步集聚化、在地区发展上进一步差异化、在发展背景上进一步全球化。

一、组织运营集约化

集约化的"集"是指将拥有的经济资源集中起来,给予统筹协调配置;集约化的"约"是指经济要素在投入、组合、加工与使用时以提高效率与效益为价值标准,来达到最优的利用目的。当今世界文化创意产业的发展正逐步展现出集约化趋势,一方面体现在全球化范围内整合文化资源、产业重组与兼并,另一方面体现在产业内部科技创新、新组织模式与新商业模式的运用。在经济与文化全球化的背景下,世界各国都在进行体制与政策创新,在提高产业集中度的同时培育大型跨国企业集团,并利用资源整合、产品出口、资本扩展、品牌推广以及管理模式输出等国际化发展模式，突破国外市场中遇到的国家保护主义等各种障碍。大型跨国文化企业在全球范围内扩展，不断打破行业、地区与国界之间的分工界限，在产业价值链条上进行分工与协作上的国际化调整，目前已经形成了一大批超级文化集团。以传媒界为例，美国在线时代华纳公司、迪士尼公司、贝塔斯曼集团、维亚康姆集团等都是通过组织运营集约化实现了产业价值链的整合与提升，分解优化、横向延长、纵向增厚、首尾链接、网状扩散，最终形成了资金、资源、技术、人才、信息、市场整合优化，实行了高度的集约化经营，当然也实现了高额的回报率。这些超级文化集团凭借在国际文化市场上的垄断地位，对人们的文化产品消费以及娱乐与信息的获得方式产生了深远的影响，控制着世界上绝大多数的文化创意产业市场份额，在全球文化市场中具有举足轻重的地位。

二、空间形态集聚化

集群是指产业中相互关联的、在地理位置上相对集中的若干企业和机构的集合，这种集群发展模式不仅能带来规模效应、竞合效应、创新扩散效应，还会形成地域性品牌，这给集群中的企业带来了经济外部性优势。文化创意产业拥有创新发展的内在确定性内涵，同时拥有多维度、多层次的富于包容力、开放性和可扩展性的综合概念，这就内在地决定了其产业发展具有空间形态集聚化的趋势。首先，文化创意产业涉及的范围非常广，门类繁杂，彼此互补协作、专业分工的产业形成生态链，产业发展的融合性让产业从简单集聚发展为产业集群，从而产生规模效应和品牌效应。其次，文化创意产业不仅是个人和单个企业的行为，还需要文化企业、非营利机构、个体艺术家集聚和互动，来形成独特的集群发展环境。最后，文化创意产业发展的创新内涵及彼此合作竞争可以增加创新因素，增强产业发展的动力。

由发达国家和地区的经验可知，集群化发展趋势非常明显，各个主要城市都形成了自己的文化创意产业集聚区。世界主要城市文化创意产业集聚区主要有三大块，即北美创意产业圈、西欧创意产业圈与东亚创意产业圈。纽约作为北美创意产业圈的代表，是美国第一大、世界第二大城市，是世界以及美国经济、政治和文化的中心地带，联合国总部也位于纽约，还是全球500强公司数量最多的城市。这些为文化产业的发展提供了得天独厚的条件。此外，纽约市也被视为移民之都。移民给城市带来了多元文化的交融与碰撞，提高了社会宽容度以及提供了更加丰富的生活方式，这都为文化产业创造了适宜的环境。纽约常被称为"大苹果"，就是因为它像一个大大的苹果一样让人垂涎欲滴，因此它吸引了众多世界创意精英前来工作。据统计，纽约拥有全美遥遥领先的创意人才和相关创意组织，创意产业呈现出了显著的聚集效应。在纽约，人们可以欣赏到自由女神像（图5-1-1）、艺术馆大道、自然历史博物馆、埃利斯岛移民博物馆、洛克菲勒中心、纽约现代艺术博物馆、纽约百老汇剧院、大都会艺术博物馆、卡内基音乐厅等大量文化设施。这些设施是文化创意人才的灵感来源，是游客人文体验的来源，因此人们能感受到纽约独特的文化氛围。创意产业已经成为纽约重要的支柱产业，其产值已经超过了金融业。文创产业的兴起为纽约文化经济的繁荣发展做出了巨大的贡献。

图 5-1-1　美国纽约的自由女神像

三、地区发展差异化

差异化战略是迈克尔·波特提出的三种基本竞争策略中的一种。它是指市场中的竞争对手，通过在产品、服务或企业形象等方面有所区别，创造出独特和与众不同的产品和服务，以达到获得竞争优势的目的。尽管地区间的具体内容和范畴可能存在差异，但文化创意产业作为一个区域性概念，在本质意义上可视为一个政策框架,用来反思、总结、回应和体现文化经济发展状况。我们要明确指出产业未来核心价值依托,明确产业竞争优势基点和强化产业发展的"战略环节"定位。这样产业的本质内涵就决定了产业发展的地区差异化。

根据对发达国家和地区创意产业的研究,不同国家或地区按照本地经济水平和文化资源结构,结合当地产业基础和消费需求特点,沿着不同的制度和机制发展路径,形成了具有独特地域特色、吸引力和城市魅力的文化创意产业。这些产业拥有着鲜明的当地品牌效应,并且在建立强大的产业结构方面表现出色。例如,巴黎的时装、伦敦的歌剧、意大利的家具等,都因地方差异明显、声誉效应显著、竞争优势强劲而被赋予了明显的地域特色标识。这些地域符号是文化创意产业在演化发展过程中逐渐形成的,它们不仅是当地文化创意产业获取产业型垄断租金的来源之一,也是基于波特差异化基本竞争战略以获得竞争优势的一种手段。

四、发展背景全球化

全球化就是流动的现代性,包括物质产品、人口、标志、符号和信息的跨时空的流动,从而使人类社会成为一个即时互动的社会。在市场经济和科技进步的双轮驱动下,要想使要素获取、产品与服务营销和消费、信息互动交流都在世界范围内进行,必须让不同经济主体卷入全球产业分工体系之中,强化它们相互渗透、相互依存的程度,从而使世界成为一个统一的发展整体。文化创意产业是全球化和文化经济一体化的集中反映,它既是经济全球化的体现和组成部分,又是文化全球化的载体和手段,综合地反映了经济全球化和文化全球化的互动关系。反过来,这种经济全球化和文化全球化的互动关系又扩大了文化创意产业经营规模,拓展了它的发展空间,不断地实现了国际化发展势态。在全球化背景下,文化创意产业获得了跨越式发展。

文化创意产业作为一种创新型综合性产业,在产业集聚化发展的基础上更加集约化与差异化。文化创意产业集约化正是借助大型跨国文化企业进行全球扩展,不断打破行业、地区与国界之间的分工界限,而形成跨国界的强势文化产业集团。电影《泰坦尼克号》是一个国际联合制作项目,共有来自多个国家的几十家公司共同合作完成。特效制作部分由 Digital Domain（数字领域）公司负责，得到了来自多个小型技术公司的协助；音乐制作方面则由索尼公司负责。这种合作模式使得该电影能够综合利用各方资源的优势，并最终取得了巨大的商业成功。

文化创意产业的差异化是在全球范围内进行比较后得出的结论。随着全球化的发展，各国以及各地区都在积极改革制度和创新机制，同时制定文化发展战略，竞相采用当代高新科技手段和文化成果，以期在更高层次的文化竞争中获得优势，并努力保护本国的民族文化产业和利益。世界各国的文化创意产业以其各自独特的产业价值取向、行业领域和发展方式实现了迅速发展，并呈现出了特色鲜明的产业格局。特别是美国凭借其文化创意产业的霸主地位，向其他国家渗透本国的意识形态、价值观念，引起了欧洲国家率先提出将文化创意产业作为一种国家应对战略。随后，其他国家纷纷将文化发展战略升格为一种国家发展战略。文化作为一种软实力，被提高到了未来世界竞争的核心地位，文化创意产业成为提高综合国力的支撑点，其发展不可避免地被置于全球化的背景之下。

第二节 基于体验经济的文化创意产品设计

随着体验经济的盛行，社会经济格局正在发生改变。这种趋势影响了人们的消费观念，人们开始追求个性化和精神需求。同时，文化创意产业开始兴起，它以文化和创意为核心，通过独特的创新方式将文化和创意转化为商业产品或服务，使其成为经济发展的一部分。文化创意产品成为企业和消费者关注的热点，引入体验经济将进一步拓展文化创意产品的发展空间。

一、基于体验经济的文化创意产品设计原则

（一）目标性原则

目标性原则是指在设计产品的过程中，需要明确既定目标，通过整合和提升文化资源，寻找与文化创意产品设计相适应的主题方向。吸引消费者的关键因素是产品的主题特征。巧妙的主题设计能够把消费者带进特定的场景中，令其深入

体验主题文化的魅力，从而激发其精神共鸣。

在选择产品主题时，应针对不同的消费人群，选取相应的主题以适应市场需求。现今，消费者更加注重个性化需求，崇尚具有个性化的文化内容，对于儿童消费群体来说，可以以动漫文化为主题，从其生动的角色与故事中汲取创作灵感；对于年轻的消费群体来说，可以以流行文化为主题，从电视剧、电影等领域寻找具有吸引力的内容；对于中老年消费群体来说，可以以传统文化为主题，从戏剧、戏曲、国画等方面获取灵感，以此来设计产品的主题内容。

（二）互动性原则

互动性原则是指将互动体验融入设计理念，以便消费者与产品之间进行互动交流，从而获得愉悦的体验。在产品设计中互动性原则是必须考虑的因素，通过引入互动体验设计，可以为文化创意产品注入更多的交互元素，提升产品的互动性。在传统产品的使用过程中，往往会缺乏与用户的良好互动，这种被动的体验无法满足用户的需求。而一些产品由于定位不当，甚至无法实现其基本功能，更不必说与用户产生互动，这样的产品注定无法在市场上立足。当今社会的竞争日益激烈，人与人之间的交流变得越来越少，因此在设计产品时需要考虑到这一点。现如今，产品已不单单是人们使用的简单工具，利用互动设计可以增强产品的参与感，使沟通变得更自然，让人们可以在互动中享受到参与的乐趣。"禅虎听经"风铃（图 5-2-1），从佛家故事中汲取灵感，以"禅文化+"为原点，结合观音菩

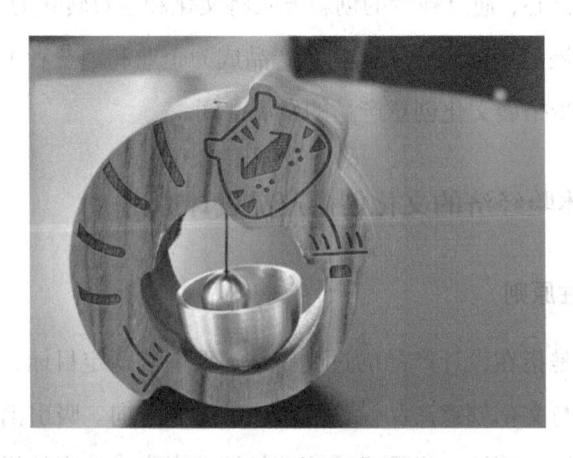

图 5-2-1 "禅虎听经"风铃

萨象征的慈悲与智慧，回归于观音文化对人们的意义——心灵的归宿和精神的驿站。虎环绕风铃，以表对慈悲善宽的佛禅有着感念及悟性。风铃在清脆声中透示着庄严宁静，提醒着善男善女们静心养性，亦在声声的悠长铃声中带着祝福与平安之意。

（三）情感性原则

人类的生活因经济的增长和科技的发展而发生空前巨变，人们的生活质量越来越好。在这种情况下，人们不再仅满足于产品提供基本的使用功能，而更希望产品能满足人们的精神需求。考虑到这方面的需求，产品设计不仅要注重基本功能的实现，还应该把情感因素融入其中，以加强使用者与产品之间的感性交流。

根据马斯洛需求层次理论的研究可知，人们一旦满足了基本的生理需求和安全需求，其需求层次就会上升到社会、尊重和自我实现需求层次，希望获得来自家人、朋友或爱人的关心和关爱。在此种需求环境下，情感因素已经成为产品设计不可或缺的要素。它包括产品本身传达的情感属性、使用方式中隐含的情感意义，以及使用者的情感反应。通过综合考虑这些因素，可以找到最佳的方式，实现用户在心理和精神层面与产品进行互动交流需求，让人们获得与产品互动时的情感体验，从而让产品更有人文气息。系列化徽州文创产品设计（图 5-2-2），由三个独立产品构成，将徽州文化符号作为系列化产品的视觉主题，以人体感官维度中视觉、听觉、嗅觉为出发点，以空间维度中远、中、近的距离关系为基本架构，结合徽州文化元素与地域色彩（特色）寻找三个维度之间的交叉点。

图 5-2-2　系列化徽州文创产品设计

二、基于体验经济的文化创意产品设计方法

感官层涉及产品的形式，行为层涉及产品的功能、使用方式，精神层涉及文化、情感和审美。感官层、行为层、精神层是依次递进的关系，产品最先在感官层与使用者产生联系，而后通过行为层与使用者产生行为互动，最后以感官层与行为层为基础，使产品与使用者产生情感上的沟通，实现精神层的体验与心理需求的满足（图5-2-3）。

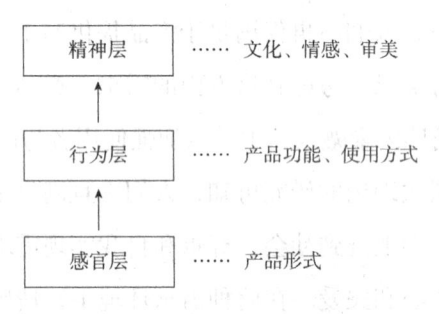

```
┌─────────┐
│ 精神层  │ …… 文化、情感、审美
└─────────┘
     ↑
┌─────────┐
│ 行为层  │ …… 产品功能、使用方式
└─────────┘
     ↑
┌─────────┐
│ 感官层  │ …… 产品形式
└─────────┘
```

图 5-2-3 文化创意产品设计层次划分

在设计文化创意产品时，首先需要考虑产品的感官层设计，包括产品的形状、颜色和材质等方面的设计。通过采用不同的设计方法，来实现产品在感官层上带来的不同体验。其次需要考虑产品的行为层设计，包括产品功能和使用方式等，借助不同的设计方法，以实现产品在行为层的体验。最后需要以感官层和行为层为基础，运用各种设计技巧来赋予产品文化特性、情感特性和审美特性，进一步提高其精神层的内涵。

（一）感官体验法

感官体验是指通过对产品造型、材质、色彩等方面的精妙设计，让产品呈现出华美的色彩、独特的造型、精美的质感、美妙的声音以及诱人的味道等，从而与用户建立起感官上的互动与交流。这种互动不仅能提供视觉、听觉、触觉、嗅觉和味觉等多种感官刺激，还能给人们带来心理和精神上的满足和愉悦。

在产品的外观中，色彩是最引人注目的一个特征，人们往往会首先通过视觉来感知产品，而产品的色彩则是最先给予人最直接感官刺激的因素。科学地运用色彩，可以为人们带来丰富多彩的视觉感受。例如，红色会让人感受到热情、激

动，蓝色会让人感受到寂静、深邃，紫色则散发着高贵、华丽的气息。形态是产品的造型特征，通过观察和触摸，人们可以感受到产品的形态，不同的形态会带来不同的视觉和触觉体验。如图5-2-4所示，圆滑的形状设计在视觉上会让人感到亲切，而在触觉上则会让人感到光滑。几何形状的设计呈现的视觉感受常常会使人与工业产生联想，而在触觉上则通常给人一种坚硬感。产品的材质是其形成的物质基础。材质具有多种属性，如颜色、外观、表面加工和气味等，这些属性会给人们带来视觉、触觉、味觉和嗅觉等多种感觉体验。例如，哑光塑料能呈现出耐用且可靠的视觉感受，而在触感上则呈现出柔和舒适的特点。同时，其散发出的气味也会让人感受到浓重的工业氛围。

图 5-2-4　圆滑的产品设计与几何形的产品设计

综合应用产品的色彩、形态、材质等诸多因素的设计，旨在提供全方位的感官体验。这种综合设计的应用，可以促进人们的五种感官之间的交互沟通，并让它们之间的分界线变得模糊，从而实现通感的体验。通感体验是指人们获得一种感官刺激带来的多种感觉体验，这种感觉类似是能够"看到"声音或"嗅到"色彩的体验。不断拓展和加强感官体验，通感体验使产品的趣味性得以凸显，并增强了人们与产品之间的互动体验，进一步提升了产品的吸引力。产品不仅可以带给人们愉悦的感官体验，还可以满足人们的内心需求，让人们的情感得到满足。

感官体验法是借助特定的调查方法，让被调查者描述其对某个产品特定方面的感官体验，以获取相关信息。感官体验法通常会采用多种不同的调查设计方法，如调查问卷和访谈等。使用这些方法可以从各个方面收集用户的信息数据。感官体验法通常在产品设计和开发的初期阶段使用，旨在确定消费者对产品感官体验的偏好和趋势。通过分析和归纳感官体验法的结果，可以获得消费者在特定阶段的量化数据。

感官体验法被证明是一种有效且真实的方法，它可以快速且经济地获取到数据。运用此方法获取的信息数据可作为用户研究的重要参考依据。感官体验法强调的是通过将触觉、味觉、视觉、听觉、嗅觉等感官有机结合，并实现多种感官的叠加，从而实现通感体验。通过感官体验法，可以获取用户群体的详细信息，也可以揭示其潜在的和个性化的需求。这为文化创意产品提供了新的设计方向，并开辟了新的市场领域。

（二）文化关联法

世间万物都是相互关联的，这种关联关系有隐性和显性之分。在设计文化创意产品时，设计者需要探索事物之间的关联性，并将关联性融入产品设计中，以达到创意设计的目的。文化关联法是对文化的形式、内容与产品进行关联，应用联系、提炼、整合等多种设计方式，使产品具有文化形式与文化内容，让人们在使用产品时能够产生文化认同感，从而在情感上产生共鸣，获得深刻的文化体验。在确定创意文化主题的前提下，研究相应的文化内容并进行分析，以确定与设计相关的文化内容和形式。对相关的文化内容和形式特征进行分类和总结，文化大致分为三个层次，分别是文化物态层、文化行为层、文化精神层，如表5-2-1、表5-2-2、表5-2-3所示，然后以文化关联图表的形式表现出来，这有利于设计者进行直观的分析与研究。

表 5-2-1　文化关联表（文化物态层）

文化类型	名称	文化形式提取
传统器物	传统家具	席、床榻、椅凳、一统碑椅、桌案、箱柜、屏风、架具
	传统茶具	茶杯、茶壶、茶碗、茶盏、茶碟、茶盘
	传统香炉	置香炉、柄香炉、钩香炉、象炉
	传统雕塑	陶雕、木雕、骨雕、象牙雕、玉雕、石雕
	传统国画	人物、山水、花鸟

续表

文化类型	名称	文化形式提取
传统器物	传统书法	大篆、小篆、隶书、草书、楷书、行书
	传统服饰	前秦服饰、秦汉服饰、魏晋南北朝服饰、宋代服饰、辽及元代服饰、明代服饰、清代服饰、民国服饰
	传统建筑	宫殿、坛庙、城墙、寺观、佛塔、牌坊、桥梁、民居、园林

表 5-2-2　文化关联表（文化行为层）

文化类型	名称	文化内容提取	文化形式提取
传统风俗	承接	辞旧迎新、祈求丰年、祭奠神佛、祭奠祖先	放鞭炮、贴春联、吃饺子、挂灯笼、发红包、贴窗花
	元宵节	正月十五逢满月，象征团圆美满	吃汤圆、猜灯谜、赏花灯、舞狮子、踩高跷
	清明节	祭奠祖先	扫墓、踏青、植树
	端午节	纪念屈原、全民健身、防疫祛病、避瘟驱毒、祈求健康	吃粽子、赛龙舟、饮雄黄酒、挂菖蒲、挂艾叶、佩香囊、挂蒿草、薰苍术、薰白芷
	七夕节	妇女们穿针乞巧，祈祷福禄寿活动，礼拜七姐	乞巧活动（穿针引线验巧、做小物品赛巧、摆上瓜果乞巧）
	中秋节	希望一家团圆、合家欢乐	吃月饼、玩花灯、赏月、舞火龙
	重阳节	老人节，希望老人健康长寿	登高、吃重阳糕、赏菊、饮菊花酒、佩茱萸
	腊八节	欢庆丰收、祭祖敬神、逐疫	喝腊八粥、做腊八蒜

表 5-2-3　文化关联表（文化精神层）

文化类型	名称	文化内容提取	文化形式提取
传统哲学思想	儒家思想	仁爱、谦逊、中庸之道	《诗经》《乐经》《尚书》《周易》《礼仪》《春秋》
	道家思想	天道无为、道法自然	《老子》《庄子》
	佛教思想	佛性本有、见性成佛	《金刚般若波罗蜜经》《妙法莲华经》
	法家思想	以法治国	《商君书》《韩非子》

续表

文化类型	名称	文化内容提取	文化形式提取
传统	墨家思想	兼爱（人人平等相爱）、非攻（反对侵略战争）	《墨子》
	哲学	去尊（人与人之间平等）、偃兵（反对用暴力统一天下）	《公孙龙子》《宋子》
	思想	采儒墨之善，撮名法之要（集合众说、兼收并蓄）	《吕氏春秋》《淮南子》《尸子》

1. 文化形式关联法

文化形式反映在两个层面，分别是实质层面和虚化层面。实质层面指的是人造器物，这些器物在发展过程中能反映出人类文化的演变历程。这些人造器物构成了文化创造的物质基础。在设计文化创意产品时，设计师可以从产品外观角度进行考虑，参考传统器物的外形、色彩和材料等方面的特点，并运用借鉴、引用和重构等方法，以创造出具有文化形式特征的产品。编钟（图 5-2-5）是中国古代传统的打击乐器，采用青铜材质铸成，按照音调高低排序并挂在巨大的钟架上。编钟形象为大众熟知，它被视为中华文化的珍品。我们可以运用编钟造型来设计文化创意产品——编钟调味瓶（图 5-2-6），通过提取编钟的典型特征并融入调味瓶的设计中，赋予调味瓶典型的文化特色。使用这样的调味瓶会唤起人们对文化的联想，增添产品的文化魅力。

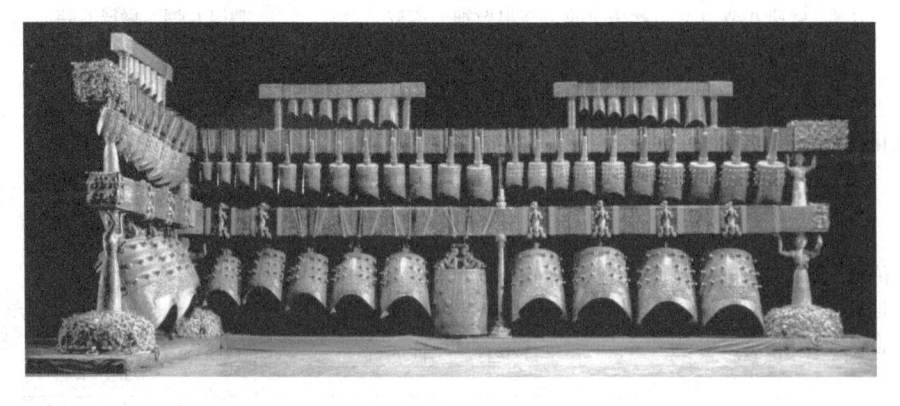

图 5-2-5　编钟

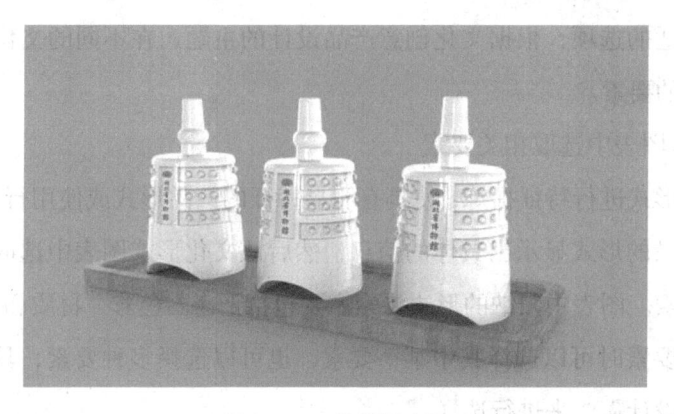

图 5-2-6　编钟调味瓶

文化形式的虚化层面指的是人们在社会实践和人际交往中遵循的惯例和定式。文化能在人们的行为习惯和方式中得到展示，例如茶道（图 5-2-7）是传统的品茶方式，包括沏茶、赏茶、闻茶、饮茶等环节。在设计文化创意产品时，可以借鉴茶道，继承、发展和演绎这些传统行为，并将其融入新的产品设计中，赋予产品特有的文化特征。这些特征将会引发人们对文化的联想和体验，从而提高产品的价值。应用文化形式关联法的过程可以分为以下三个步骤。

图 5-2-7　茶道

（1）文化形式的提取

为了使用文化形式关联法，人们需要提取相关的文化形式，可以在文化关联表中选择合适的选项，根据文化创意产品设计的主题，在不同的文化层面和类型中寻找相关的要素。

（2）从图表中选取相关要素

对文化形式进行特征提炼，使具有明显特征的产品形式或使用行为保留下来，并以图表记录的形式显示出具体的信息，然后从文化形式图表中选取与产品设计相关联的要素。图表中归纳的形式要素主要包括形态、色彩、材质和使用行为等。在选取形式要素时可以选择其中某一要素，也可以选择多种要素，具体情况应该根据实际的设计需要来进行选择。

（3）对文化形式要素进行优化重构

在图表中选取形式要素后，将提取出来的具有明显特征的形式要素与设计的主题和定位相结合，进一步优化产品形式或使用行为，并依据需要进行不同程度的分解与重构，使产品形式或使用行为具有典型性、代表性同时还要兼具创新性，这有利于文化形式以崭新的面貌继续发展与延续。

2. 文化内容关联法

文化内容包括传统文化传承的精神内容，传统文化内容多种多样，每种文化都能表现出独特的文化精髓。以儒家思想为核心的传统文化推崇人伦之道，鼓励展现仁爱之心、发扬谦逊之风；道家哲学倡导顺应天道自然、遵循道法无为的原则；禅宗思想宣扬佛性本有、见性成佛的理念。这些文化内容都体现了传统文化的精神内涵，设计师可以从中发掘合适的素材，利用重现、保留、融合等手法，使产品具备独特的文化内涵。文化内容关联法的应用过程可分为四个步骤。

（1）文化内容的提取

为了配合产品设计的目的和主题，需要挑选与主题相关的文化元素并进行关联。设计师应该从传统文化的内涵中寻找设计灵感。借助文化关联表，设计师可以提取出所需的典型文化特征。

在选择文化内容时，需要了解相关内容属于哪一类传统文化，这样才能准确、有针对性地进行研究，因为文化内容覆盖了许多传统文化领域。

（2）从图表中选取相关文化内容

设计者通过图表可以直观地了解具体文化内容中提取出的文化内容要素，在选取文化内容要素时需要与主题相符合，选取一种或多种文化内容要素，将其文化内容要素作为文化内容关联的主要对象。

（3）将选取的文化内容要素进行关键词转换

在选取与主题相符合的文化内容后，需要对具体文化内容的含义进行深入提炼，设计者通过应用头脑风暴法来获得具体文化内容含义的关键词，在众多关键词中选取一个或几个词汇，让其可以准确地体现出该文化内容的含义。

（4）将选取的关键词转换成造型语言

从关键词列表中选出一个或多个关键词，该关键词要具有代表文化内容的典型特征，然后围绕关键词再进行一次头脑风暴法，这一次的头脑风暴法主要以寻找体现产品语言的关键词为主要内容，在获得众多体现造型语言的关键词后，将这些关键词应用在具体的产品造型、色彩以及材质的设计中。

通过应用文化关联法，产品能够具备文化形式和内容，同时通过设计手段呈现产品的物态文化特征。设计师会将物态文化与精神层面联系起来，然后把产品提升到一定高度并展现出文化内涵。一件产品在最初的时候可能只有物质层面的基础功能，但随着人们长时间使用，它具有的形态开始逐渐象征和代表着某种特定文化，这使得产品增添了精神层面的含义。视觉符号成为特定文化内涵得益于持续的传承和创新，这些特定文化再次回归到物质层面，成为新产品的灵感来源和参考对象。具有典型符号特征的产品形态会引发人们对特定文化的联想，并产生情感共鸣，当产品形态特征又一次实现精神层面的象征后，它将会成为更广泛、更具深刻意义的符号特征并应用到新的产品中，这一过程将会不停地循环与发展（图5-2-8）。如徽州印象"境·茶器"（图5-2-9），灵感来源于徽派建筑中的天井元素，将四水归堂的理念与茶盘出水口相融合，茶水沿其四壁顺流而下，重现"洒金流银"之景；将马头墙的翘檐元素巧妙融于茶壶提手与茶盘之中，再加两只栖息于檐前观雨的鸟儿作陪，使品茗者仿佛置身于这雨中徽州，定心感受"天地与我并生，万物与我为一"的自由境界。茶盘造型以方正为主，符合徽州建筑特点，材质上以乌金石与黄铜搭配，沉静且富有力量。

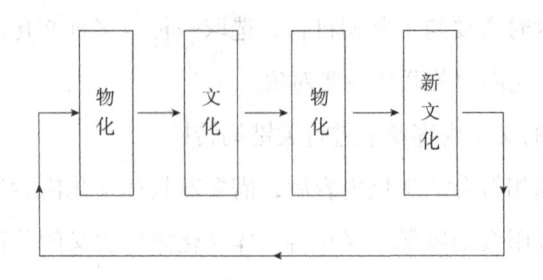

图 5-2-8　产品从物化层到文化层的转换

图 5-2-9　徽州印象"境·茶器"

3. 差异体验法

差异体验法是指利用非常规及非传统的设计理念和方式，在产品设计过程中增强产品的创新性，从而为用户带来独特的体验效果。通过运用差异体验法，可以为不同的用户群体设计不同的差异化体验，从而达到设计创新产品的目的。这种方法可以带给用户多方位的体验，包括在功能、形式、情感和文化等方面的感受。

差异体验法的体验角度是多维度的，这里我们主要研究的是差异体验法中功能方面的体验，功能差异体验法是指利用产品的特殊功能让用户获得不同的感受和体验。例如，BKID 公司设计的冬季奥运会文创产品（图 5-2-10），以雪山为原型，并满足了桌面办公用品的功能。这种设计赋予了桌面办公用品一种新的审美功能。当产品的功能差异变得显著时，它们会呈现出独特的体验，从而在同类产品中脱颖而出，突出功能的不同体验特征。

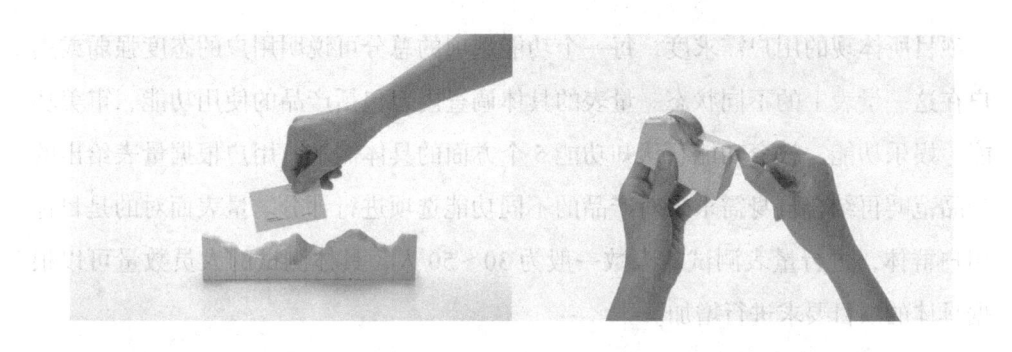

第五章　文化创意产品设计的创新与应用

图 5-2-10　BKID 冬季奥运会文创产品

功能差异体验法使用的是观察、访谈和问卷调查等方法，来收集目标用户群体的体验信息，并通过分析法归纳总结这些信息，以了解用户对产品差异化的需求。最后，根据用户的差异化需求设计具体实施方案。下面列出了功能差异体验法的四个基本阶段。

（1）选定目标用户与设计主题

设计者选定用户群体并根据用户需求来确立产品设计的主题。用户群体按年龄层次可以分为儿童、少年、青年、中年、老年，按性别可以分为男性用户群体和女性用户群体，还有按学历、工作、收入等类型进行目标用户的人群划分，因此用户定位需要同具体的实际情况相结合，从而准确地对用户群体进行划分。

（2）选定测试方法获取目标用户需求

设计者采用李克特量表形式来获取目标用户群体的功能差异化需求。李克特量表是由美国社会心理学家李克特发明的，该量表由一组陈述组成，每一陈述有"非常需要""需要""不一定""不需要""非常不需要"5 种回答，分别记为 1 分、2 分、3 分、4 分、5 分，每个被调查用户对某项功能需求态度的分数之和就代表

187

该项目所体现的用户需求度，每一个功能选项的总分可说明用户的态度强弱或用户在这一量表上的不同状态。量表的具体调查内容包括产品的使用功能、审美功能、娱乐功能、教育功能、认知功能 5 个方面的具体需求。用户根据量表给出的产品范畴再结合自身需求来对产品的不同功能选项进行评分。量表面对的是目标用户群体，进行量表测试的人数一般为 30~50 人，具体测试的人员数量可以根据具体的项目要求进行增加。

（3）进行信息整理

设计者整理用户填写的量表信息，并统计用户对不同功能选项的评分数据。统计的具体方法是将不同用户对相同功能选项的评分进行分数求和，然后将每项功能选项的总分按照由高到低的顺序排列，得分最高的选项说明它是用户目前最需要的功能，得分最低的选项说明它是用户目前最不需要的功能。但是，得分相对较低的功能选项有可能成为未来用户的潜在功能需求，因而可以更深层次地分析与研究信息统计的最终结果，进一步挖掘潜在的用户需求，这样可以提前预测市场，把握市场机遇。

（4）将功能需求体验融入产品设计

设计者在功能选项统计排名图表中挑选出得分相对较高的一项或几项，针对这些功能来进行具体的功能延伸，满足用户对于产品功能的需求，实现产品相对于市场其他产品在功能上的差异，给予目标用户愉悦的功能体验。

第三节　新媒体背景下文化创意产业的发展与传播

一、新媒体背景下文化创意产业的发展

人类的需求促进了创新、开发和营销文化创意产品，催生了文化消费市场，进而形成了文化创意产业。在现代社会中，随着人们的经济水平和物质生活质量的不断提升，人们对文化创意方面的需求更加迫切，因此文化创意行业规模越来越大，越来越多的人可以参与到文化创意产品的生产和消费的过程中。市场的扩

大，一方面让该产业赢得了巨大的经济效益，另一方面也让该产业发展的有序性、协调性、资源使用效率等指标引起了人们的广泛关注。随着文化创意产业的发展，创意产业联盟不断涌现，文化创意产业旨在促进合作共赢和资源整合。同时，文化创意产业也正在向其他产业扩展其影响力。一个典型的案例就是将文化创意资源应用于传统行业，为传统产品增添文化魅力。文化创意产业因其长周期的投资回报和轻量级资产的属性而面临着融资难题和资金支持不足问题。文化创意产业具有广阔的发展前景。

（一）新媒体时代下文化创意产业的机遇

1. 推动文化创意产业实现高质量发展

随着新媒体时代的到来，一股新的技术浪潮正在冲击着传统行业的发展壁垒。这种浪潮可以高效地连接文化创意产业链的上下游，同时打破传统行业一直存在的陈规旧矩。从长远角度来看，越来越多的相关行业会借助新媒体平台，将目光聚焦于文化创意产业，利用全平台资源进行市场拓展和业务发展。同时，打破和延伸产业链上的重要环节，最终实现资源的高效配置，实现经济效益和社会效益的双赢。

2013年8月，北京故宫博物院开展了一次"把故宫文化带回家"为主题的文创设计大赛。这是故宫首次面向社会公众，广泛征集出色的创意作品，大赛掀起了一股文化传播的热潮。随着时间的推移，更多符合实际情况的计划和出色的制作陆续推出，故宫文创因此得到了"故宫出品，必属精品"的超高评价，并在短时间内迅速成为国内文化产业的佼佼者。然而，就产业整体环境而言，文化创意企业的客户流失率相对较高，这会导致文创产业无法精准确定目标客户群。

只有想方设法地提高消费者的满意度，降低客户的流失率，建立起客户对品牌的忠诚度，才能精准地确定目标客户群。一方面，为了有效地降低客户流失率，文化创意企业应该利用市场和品牌之间的联系，发挥市场的力量来促进良性市场营销发展。另一方面，需要确立长效的反馈机制，及时获取并了解客户需求，避免营销策略上出现重大失误，力求设计出最优的营销方案，以确定目标定位。另外，在锁定目标市场后，需要培养忠实顾客，因为忠实顾客对新产品开发更加敏锐，他们的支持能够帮助文化创意企业更加顺利地推销相关附属产品和最新款产品。但这也需要建立在消费者对该品牌产品有一定满意度的基础上。

2. 推动文化创意产业实现资本融资

在顶尖技术的支持下，新兴媒体平台正飞速发展。这种发展间接推动了我国文化创意产业的蓬勃发展，激发了更多的市场潜能，提供了更多的拓展渠道和方式。新媒体不仅能够加大推广宣传力度，也能够有效地聚集信息，从而为文化创意企业提供新的融资合作模式。它还能够解决"融资难"的问题，为中小型文化创意企业提供全新的投资方法和资金筹措思路，以促进文化创意产业的发展。

3. 推动文化创意产业实现产品形态的升级

随着新媒体技术的快速发展，文化创意产业利用个性化信息推送技术和大数据分析技术来满足客户需求。这些高科技改变了以往的信息推送方式，文化创意产业更加关注客户的个性化需求。一方面，我们可以利用大数据分析来精准定位客户需求，进而细分客户群体以及掌握行业最新发展动态，同时挖掘出行业中潜在的文化创意元素。另一方面，我们可以精确细分市场，预先规划，利用信息推送技术实现产品的精准推送，从被动接受转变为准确宣传，快速提升产品的价值。这种方法不仅方便后续工作的进行，还能确保产品满足市场需求，同时也能够促进行业转型升级，为文化创意产业带来社会效益和经济效益。

（二）新媒体时代下文化创意产业面临的挑战

1. 缺乏具有核心竞争力的原创内容

文化创意产业发展的核心是原创内容，因为原创内容不仅能有效推动产业发展，还是产业协同发展中不可或缺的要素。若文化创意产业无法产出能经受住市场考验的高质量内容，其生产的产品就不符合客户的真实需求，因此也就无法吸引高质量客户。鉴于文化创意产业的每个方面都有原创内容的参与，所以应高度重视优质原创内容的生产，以提升原创内容产业发展的核心竞争力。遗憾的是，尚有较多文化创意企业存在不重视原创内容的现象，创意来源不明、缺乏创新以及产业链不完整等是这类企业的通病。除此之外，一些企业非常容易忽视自身的竞争优势，忽视产品质量，企业运营过程中存在诸多风险。例如，不重视合作共赢，不懂得与电商品牌合作来扩大创意产品的销售渠道，忽视跨界融合和合作共赢对企业发展的重要性等。

2. 高水平人才匮乏

新媒体技术的不断更新，使得大众审美和消费方式发生了空前巨变。人们对文化创意产品的需求变得越来越多样化，没有独特创意的产品已不能满足人们的购买需求。由于文化创意产业在我国起步较晚，因此文化创意产业人才培养相对落后，且培养方向不明确。现阶段，文化创意产业人才队伍建设并不完善，专业以及中高端人才匮乏，整体人才水平参差不齐。与西方发达国家相比，我国的文化创意产业人才培养尚有不足，无法有效促进文化创意产业的全面发展。文化创意产业是一个高度专业化且知识密集的领域，它的发展需要以多个学科的融合和协作为基础。因此，培养具备交叉学科背景的高质量人才是非常有必要的，这样可以更全面和有效地推动文化创意产品的开发。

3. 发展模式大众参与度较低

文化创意产业的发展与所处地域的经济运行模式、社会发展状况以及文化特色等诸多因素密切相关，因此存在着明显的地域差异性。如果没有独特的营销手段，就无法在更广泛的人群中获得知名度。随着新媒体的出现，中国文化创意产业迎来了全新的发展机遇，展现出了"百花齐放、争奇斗艳"的局面，许多文创产品打破了地域限制，赢得了各地人民群众的青睐。

然而，文化创意企业之间缺乏有效的文化沟通和借鉴学习的机会，因此至今很少有成功的发展模式可供文化创意产业应用。目前许多文化创意企业只看重短期利益，盲目模仿、"拿来"主义盛行，产品缺乏原创性和地域特色，导致文化产品同质化现象严重，导致文化产品缺乏创意，公众的关注度和参与度较低。因而，若企业仅以谋取利益为主要目标，则文化创意领域将会陷入危境，不良影响将波及整个产业链，严重制约其进一步发展。

(三)新媒体时代下文化创意产业的发展策略

1. 提升文化创意产业核心竞争力

由于新媒体传播和推广的高效性，文化创意产品快速引起了广大群众的关注，形成了一股创意热潮。随着人们文化形态和消费观念的改变，文化创意产品的设计理念也在不断发生变化。文化创意产品在市场上的需求和潮流倾向，驱动着设计师更加注重将文化元素和创造性思维进行有机结合，在设计过程中运用多种方式加以呈现，以便更好地传递产品的文化内涵，满足当代消费者对美学的不断追求，从而促进文化创意产业的快速发展。

在当今以内容为主导的时代，随着人们对文化创意产品的质量要求不断提高，设计师需要以创新的设计理念、多样化的展现形式以及丰富的设计内涵等元素作为产品设计的前提。这些元素也成为文化创意产业未来的重要发展方向。因此，文化创意企业需要以深度挖掘和高效利用文化资源为目标，革新研发手段，为文化产业及文化产品注入新的活力。只有重视内容的导向性，并将传统文化作为创作的内涵和基础，才能让文化创意产业持续不断地提供新的产品和服务，以获得强大的发展动力。要想推动文化创意产业高质量发展，需要将文化创意产品内容置于首要地位，利用内容推动产业的进步。深入开发文化资源，提高文化创意水平，助力产业不断创新，有利于塑造独具特色、易于辨识的文化品牌。

2. 组建高层次的文化创意产业人才队伍

在文化创意产业中，完善人才激励和培养机制是吸引人才加入文化创意产业的重要策略。

新媒体时代给文化创意产业带来的影响既有积极的一面又有消极的一面，对文化创意产业人才也有很高的要求。要促进文化创意产业的发展，必须把人放在首要位置，坚持以人为本的理念，着重培养高素质的人才，打造复合型人才队伍，切实解决文化创意产业中缺乏中高端人才的问题。

目前，许多高等院校在培养文化创意人才方面同质化现象严重和定位不明确，因此无法培养出与文化创意产业的发展趋势相适应的专业人才。为了推动文化创意产业的发展，学校要切实解决好人才培养问题，把握好市场对人才的需求。高校可以制订有针对性的教学计划，如科学设置学科内容、配备专业高端教师队伍、加强创新实践教学，进而保障文化创意产业优秀人才的质量与数量，优化产业人才队伍。文化创意企业不仅应建立核心文化创意团队，还应寻找未被发掘的"草根"文化创意人才，积极发掘广大群众的文化创新潜能。

3. 规划新媒体与文化创意产业协同发展战略

文化创意企业需要从长远利益出发，加强顶层设计，提升自身的战略思维能力，进一步推进新媒体与文化创意产业的协同发展。同时，要借助互联网技术，积极探究切实可行的协同发展渠道，吸引人才和企业参与到文化创意产业的发展中。

为了优化文化创意产业顶层设计，建议认真贯彻执行"三步走"策略：第一步，需要争取政策的支持和引导，这是非常关键的一步。在当前我国新媒体强劲发展的形势下，文化创意企业必须跟上时代步伐，完全实行与文化产业融合相关的政策。国家也需要出台具有地区适应性的举措，以实现文化创意产业进一步发展。第二步，大力支持部分重点企业，在文化创意产业中广泛应用新媒体技术，改革创新产业项目，加大文化产品的生产力度和研发力度，积极开拓市场。第三步，努力扶持中小型文化创意企业，特别要注重发挥新媒体平台在创新上的优势，加强文化创新，优化升级新媒体技术，最大限度地发挥文化创意产业的聚合效应，促进新媒体与文化创意产业协同发展，同时致力于推动文化创意产业向国际化方向发展，使文创产业迎来具有划时代意义的新阶段。

文化创意产业受到了新媒体的深入影响，同时新媒体也给文化创意产业带来了重要的机遇和推动力。随着云计算、大数据、5G等技术的不断发展，新媒体即将进入一个崭新的时代，这对文化产业的影响是非常广泛和深远的。尽管新媒体的兴起在一定程度上对文化创意产业造成了冲击，但总的来说，新媒体和新技术的融合为该产业带来了广阔的发展前景。可以预测到，随着新媒体的蓬勃发展，文化创意产业必将迎来新的发展机遇和高峰。

二、新媒体背景下文化创意产业的传播

（一）文化创意产业与传播路径的关系

1. 文化创意产业的发展离不开传播路径的引导

每一个产业都需要被正确引导，如果只是追求发展的速度，偏离了发展的方向，最终就会导致产业走向没落。文化创意产业更是如此，文化创意产业通常会融合几种或几十种产业，其中每一个产业应该如何发展、文化创意产业整体的发展方向以及文化创意产业的推广方向都需要一个符合时代发展趋势的传播路径进行引导，只有不断集思广益、推陈出新，文化创意产业的发展之路才会越走越广。

2. 传播路径的选择取决于文化创意产业内容

由于文化创意产业的内容十分复杂且不乏特殊性，所以文化创意产业的传播路径是多种多样的。每一种行业的特征都决定了其使用哪一种传播路径，如果不对该行业进行深入的分析和理解，盲目地使用同一种传播路径，那么文化创意产业就会失去自身的独特性，文化创意产业也就失去了市场价值。总之，文化创意产业的发展方向需要传播路径的引导，但是要根据文化创意产业具体的内容来采用不同的传播路径。

（二）新媒体背景下文化创意产业传播创新

文化创意产业的传播创新，主要涉及文化形式、内容、技术、载体和渠道等方面的创新。文化创意产业的目标决定了文化创意产品的内容及其创新，而文化创意产品的内容又决定了可采取的表达形式与技术。内容、形式与技术的共同作用产生了文化创意产品，文化创意产品的成品需要通过不同类型的载体加以保存与传播，不同的载体适用于不同的传播渠道，各种渠道的综合使用扩大了文化创意产品的知名度，并塑造成了文化品牌。

1. 文化创意产业创新动因

文化创意产业自身具备的创新性是其区别于其他产业的主要因素之一。根据美籍奥地利经济学家熊彼特的创新理论，文化创意产业中已经包括了他所提到的

产品创新、技术创新、市场创新、管理创新和组织创新等元素。文化创意产业创新的驱动力主要表现在以下几个方面。

（1）产业驱动

文化创意产业发展的过程是一个不断创新的过程，是市场、文化、科技等因素融合的产物，文化创意产业的核心竞争力就是创新。当前，文化创意产业已经无法脱离信息技术、传播技术与自动化技术，它呈现的特性是丰富的知识性与高智能性。文化创意产业一直处在科技创新与研发产品等产业价值链的高端位置，这也是文化创意产业的高附加值特征。文化创意产品具备的创新性、文化性、高科技性也是普通产品无法比拟的。

（2）价值驱动

熊彼特认为优秀的创新者能够在短时间内从自己创造的产品中获得利润。文化创意产业的增值过程就是创新，文化创意产业的增值能够有效提升市场的经济效益和社会效益。文化创意企业可以雇佣或培养创新者为自己创造利润，或者自己成为产品的制造商，通过生产和营销文化创意产品来获得利润。文化创意产业创新的内在核心驱动力是追求文化价值和经济效益，不断进行产品创新不仅可以提升产品的质量，还可以替代因为质量问题而导致受欢迎度下降的产品，不断延伸产品的价值链。

（3）技术驱动

文化创意产业创新的技术驱动是"技术进步论"。"技术进步论"来源于范内瓦·布什的技术进步思想。如果企业产品创新涉及的具体技术具有一定的实用价值和科技含量，那么基于该技术的创新产品一旦投放市场，就会在市场上产生一定的商业价值。科技发展的每一步都对产业的发展产生了重要影响。技术革命可以改变整个社会的生产方式、生活方式和思维方式。科技的发展在很大程度上改变了工业生态环境和社会环境，尤其是数字技术的发展，促进了新的生产环境的发展。以图书产品（图 5-3-1）为例，从活字印刷出版到机器印刷出版再到电子出版和云出版，每一个产品在形式上和功能上的创新都与技术密切相关。

图 5-3-1　纸质书与电子书

（4）市场驱动

市场环境将直接影响文化创意产业的创新。文化创意产品市场的不断扩大，吸引了资本、人才等市场要素的集聚，来设计生产文化创意产品。文化创意产业创新的市场驱动逻辑是"需求中心论"。按照市场驱动逻辑，文化创意产业创新活动要以市场需求为导向，设计和开发公众需要的文化创意产品。

2. 文化创意产业创新要实现共享

生产销售普通商品的目标通常是实现最大利益或价值。对于文化创意产品而言，生产的目标相当复杂，往往具备多重因素。在考察文化创意产品的生产目标时，必须首要考虑其具有的作用。文化的作用包括价值传递、文化传承和价值承载三个方面。文化是影响人的价值观的重要因素之一。实际上，文化主导着人们的价值体系。根据布尔迪厄的社会学理论，在文化创意的生产领域，由于精英掌握着主导权，因此其所具有的价值观被视为整个社会的文化资本。精英可以把他们的理念融入社会的各个方面，使之成为社会的重要组成部分。实际上，这是一种意识形态作用。目前，人们倾向于缩小思想文化创意产品领域的规模，以便创造出更具创意的文化创意产品。

文化是人类的共同财富，因此文化创意产品具有准公共物品的性质。要实现这个目标有三种途径可供选择：第一，由公共文化机构如图书馆、博物馆等提供；第二，商业文化制作者可以向公众奉献有价值且有表现力的内容，如慈善演出或免费观看。第三，以企业为提供方、政府为支付方、群众为共享方。只有当公共产品被广大社会群体使用时，才能充分发挥其效益。

3. 文化创意产业创新要实现内容创新

产品创新是文化创意产业创新的核心，体现了文化创意产业的竞争力。成功的创新必须从内、外两个方面进行，一方面要实现生产创新，另一方面要完成传播创新和流通创新。产品创新包括内容创新、形式创新和技术创新。

文化创意产业被视为内容产业，这一点得到了文化创意产业领域的学者的一致认可。内容创新是文化创意产业创新的核心。中国文化创意产业的发展面临的主要难题之一是在内容创新方面与日本和韩国以及美国等国家相比较为落后。要创新内容，必须遵循如下几点原则。一是根据受众需求创作和生产文化创意产品。二是善于发掘中华优秀传统文化，塑造具有中国特色的文化内容。三是在细节方面真实地反映现实生活。中国文化创意产品通常是以营造气氛或打造大场面为创作理念，或者以虚构幻想为主题。未来的努力方向应以共性规律为基础，文化创意产品的最佳意境应是贴近现实、诠释现实、再现现实、启发现实。

4. 文化创意产业创新要实现传播创新

文化创意产品有四种传播渠道：一是通过各种媒体进行传播，如电视、电影、期刊和互联网；二是组织沟通，主要有单位传递；三是人际交往，包括电话、短信、访谈等；四是销售沟通，如买家在现场对产品进行评论，并进行销售展示。

传播创新旨在寻求新的方式和途径来传播，我们可以将其内容归纳为"借、引、传、教"。"借"指的是利用其他人的帮助来传播自身的价值和实现目标。这意味着其他人不是普通人，而是那些能在观众中引起轰动的人。"引"是指将自己的思路、内容、创意及产品融入其他目标群体广泛关注和接受的领域中，以此增加曝光度，并拓展自身的市场容量。"传"是指品牌的影响力，是直接有效的信息传递和延续方式。有时候，它甚至可以实现媒体广告无法实现的效果。"教"是指通过合法途径向广大人民群众宣传自身所创造的文化创意产品信息。只有在了解文化创意产品之后，人们才会考虑购买。

参考文献

[1] 程传超，周卫. 图书馆文化创意产品开发研究 [M]. 长春：吉林人民出版社，2020.

[2] 李柏文. "文化创意+"旅游业融合发展 [M]. 北京：知识产权出版社，2019.

[3] 杨闵文，侯百川. "文化创意+"动漫游戏融合发展 [M]. 北京：知识产权出版社，2019.

[4] 吴存东，吴琼. 文化创意产业概论 [M]. 北京：中国经济出版社，2010.

[5] 王慧敏，曹祎遐. 文化创意产业发展的理论与实践探索 [M]. 上海：上海社会科学院出版社，2018.

[6] 王一，张实. 动画设计与文化创意产业发展研究 [M]. 长春：吉林人民出版社，2021.

[7] 白庆祥. 文化产业创意与策划 [M]. 北京：中国传媒大学出版社，2015.

[8] 曹如中，史健勇. 文化创意产业创造力培育机制研究 [M]. 上海：上海交通大学出版社，2017.

[9] 胡智锋. 中国影视文化创意产业发展创新研究 [M]. 北京：中国传媒大学出版社，2014.

[10] 赵玉宏. 文化创意产业融合发展研究：以北京文创产业为例 [M]. 北京：经济日报出版社，2018.

[11] 柳嘉茗，余思烨，黄桂锋. 移情设计理论下桂西南文化创意产品设计策略研究 [J]. 鞋类工艺与设计，2023，3（16）：24-26.

[12] 李妹. 浅谈文化创意产品设计中的传统元素运用 [J]. 鞋类工艺与设计，2023，3（16）：81-83.

[13] 赵子豪，许蓝星．壮族服饰在文化创意产品设计中的应用探究 [J].轻纺工业与技术，2023，52（4）：106-108.

[14] 尚卫．博物馆文化创意产品艺术设计研究 [J].文化产业，2022（33）：106-108.

[15] 孙毓晨．历史文化创意产品设计研究 [J].工业设计，2022（10）：49-51.

[16] 余海清，史列琴，孙剑．基于地域文化的校园文化创意产品设计研究 [J].工业设计，2022（10）：149-151.

[17] 姜潇硕．纸艺元素在文化创意产品设计中的应用 [J].中国造纸，2022，41（10）：134-135.

[18] 顾葛胜．非物质文化遗产文化创意产品设计路径分析 [J].美术教育研究，2022（17）：78-80.

[19] 李敏．基于地域性文化下的文化创意产品设计研究 [J].鞋类工艺与设计，2022，2（16）：33-35.

[20] 周小童，陈淑贤，张敏．中国传统文化符号在文化创意产品设计中的运用研究 [J].工业设计，2022（8）：149-151.

[21] 付雪贞．博物馆文化创意产品设计模型研究 [D].长春：吉林大学，2023.

[22] 原金霖．广西红色文化创意产品设计研究——以湘江战役为例 [D].桂林：桂林电子科技大学，2022.

[23] 朱康龙．山东博物馆文化创意产品设计研究 [D].哈尔滨：哈尔滨理工大学，2022.

[24] 李秋影．吉林地域冰雪旅游文化创意产品设计研究 [D].长春：吉林建筑大学，2022.

[25] 魏婷婷．"漠上敦煌"文化创意产品设计开发研究 [D].郑州：郑州大学，2022.

[26] 苏玉．洛阳宫灯造型元素在文化创意产品设计中的应用 [D].呼和浩特：内蒙古师范大学，2022.

[27] 崔诗沁．高校文化创意产品设计与实践研究 [D].重庆：西南大学，2021.

[28] 窦卓凡.非遗元素在文化创意产品设计中的应用研究——以剪纸艺术为例[D].北京：北京邮电大学，2021.

[29] 伏晓.兰州大学校园文化创意产品的设计研究——以南华大学为例[D].兰州：兰州大学，2021.

[30] 鲁冠男.高校品牌文化创意产品设计开发[D].衡阳：南华大学，2020.